CAFE BRANDING
카페 브랜딩

배주태 지음

카페 창업 준비의 첫 단계

리브레토

책 속의 QR 코드 리스트

PROLOGUE

    1년이 조금 넘은 겨울로 기억합니다. 카페 인테리어 회사에서 발간한 브로셔 책자를 우연히 보게 되었는데요. 매우 잘 만든 8개 카페의 완성 사진들이 담겨 있었습니다. '아, 이 회사 인테리어 감각이 대단하구나!' 감탄하며 책장을 찬찬히 넘기는데 갑자기 그 카페들을 찾아가 보고 싶다는 생각이 들어 인스타그램을 뒤져 봤습니다. 놀랍게도 그 중 세 군데가 이미 폐업했음을 알게 되었습니다. 오픈한 지 겨우 1~2년 된 카페들이었습니다. 언뜻 봐도 인테리어 비용으로 1억 원 이상 들어 보였는데 그 순간 이름도 모르는 그 카페 사장님들이 생각났습니다. 열심히 회사생활을 하며 돈을 모으고 퇴직금에 대출까지 받아 인생 2막을 늘 꿈꿔왔던 내 카페 오픈으로 정했을 겁니다. 카페 오픈을 위해 숱한 밤을 새웠을 겁니다. 오픈 전날은 또 어땠을까요? 설렘에 잠이나 제대로 잤을까요? 그리고 몇 년 후 소중한 내 카페 문을 닫을 때 심정은 또 어땠을까요?

인테리어가 카페 성공의 가장 큰 요인이라고 막연히 생각했던 저는 카페 성공에 어떤 요인이나 공식이 작동하는지 정말 궁금해졌습니다. 지난 16년 동안 푸드마케팅 회사를 운영해오며 깨달은 것이 하나 있는데요. 어떤 사업이든 본질적 해답은 늘 현장에 있다는 것입니다. 그래서 저는 카페 창업 희망자와 카페 사장님이 직접 만나 카페 오픈과 운영 이야기를 들어보는 카페 투어 프로젝트(www.cafetourproject.com)를 시작했고 1년여 동안 60개 이상의 다양한 카페들과 함께 진행해오고 있습니다.

이렇게 카페 투어 프로젝트를 진행해오며 점점 확고해진 생각이 있는데요. 카페는 오픈과 운영 둘 중 운영에 90% 무게중심을 두는 것이 맞다는 것입니다. 그런데 대부분 사장님이 카페 오픈에 초점을 맞추고 창업을 준비 중이고 카페 컨설팅, 인테리어 업체들도 오픈을 도와주는 역할에 국한된 것이 현실입니다. 그래서 저는 지속 가능한 카페 운영에 무엇이 필요한지 깊이 고민하고 그 방법을 찾고 싶었습니다. 우리는 카페를 열고 싶다는 생각을 할 때 공간부터 떠올립니다. 즉, 카페라는 식음료 판매공간이 완성되는 것을 카페 오픈으로 보통 생각하고 있습니다. 그래서 카페라는 '공간'을 만드는 데 모든 열정과 비용을 쏟고 심지어 내 마음에 드는 인테리어를 가진 공간을 열고 싶은 열망을 카페 오픈과 동일시하기도 합니다.

네, 좋습니다. 그런 열망이 잘못이라는 말은 아닙니다. 당연히 카페 오픈은 우리에게 인생의 큰 터닝 포인트가 되고 즐거운 창업 경험이 되어야 합니다. 그런데 카페라는 공간의 완성보다 더 중요한 것은 지속 가능한 카페 운영임을 절대로 잊지 말고 철저히 준비하자는 것입니다.

저는 60개 이상 카페 사장님들의 운영 현실을 접하며 준비 부족으로 인해 오픈한 후 매출 또는 매출 외적 이유로 고통받는 분들을 관찰했습니다. 처음에는 '맛' 부족 때문이라고 생각했습니다. '카페를 하는데 커피를 충분히 공부했어야지.' '드립 커피까지는 했어야지.' '마들렌 맛이 연남동 그 핫플 카페 정도는 되어야지.' 그런데 시간이 지나고 더 많은 카페와 카페 투어 프로젝트를 진행하면서 정작 그것이 핵심 원인이 아님을 알게 되었습니다. 카페는 저마다 잘되는 원인이 다릅니다. 따라서 그 원인을 확실히 알아내고 잘될 수 있는 카페로 '계획'해 '오픈'하고 '운영'하는 것이 일관된 프로세스로 진행되어야 하는데 사실 결코 쉬운 일이 아닙니다.

저는 6년 동안 삼성전자에서 근무했고 퇴사 후에는 16년 동안 푸드마케팅 회사를 운영하며 오뚜기, 현대카드, 신세계와 같은 대기업과 함께 계속 일해왔습니다. 그동안 대기업 업무를 함께하고 카페 투어 프로젝트를 통해 개인 카페 사장님들과 프로젝트를 진행하며 지속 가능한 카페 운영에 필요한 2가지 인사이트를 얻었습니다.

첫 번째 인사이트는 카페를 오픈하는 대부분의 사장님이 브랜딩의 필요성이나 그 방법을 모른다는 것입니다. 사실 기업들조차 브랜딩을 제대로 못 하고 있거나 개념조차 없는 기업들도 많으니 충분히 이해가 됩니다. 작은 개인 카페에 브랜딩이 왜 필요하냐고 생각할 수도 있겠지만 이 책을 통해 제가 이야기하는 카페 브랜딩에 귀 기울여 주시고 깊이 고민해 보시면 카페 오픈을 생각했던 관점에 변화가 생길 것이고 훨씬 효율적으로 준비하실 수 있으리라 확신합니다. 그리고 앞에서 각자 카페가 잘되는 원인이 다르다고 말했는데요. 잘될 수 있는 본인 카페만의 경쟁력을 발굴해 극대화하는 것의 핵심은 카페를 맨 처음 구상하는 단계에서부터 브랜딩을 고민하는 것임을 꼭 기억하시길 부탁드립니다.

두 번째 인사이트는 개인 카페를 오픈할 때 사장님이 짊어져야 하는 역량의 짐이 도대체 말이 안 될 정도로 크다는 것입니다. 물론 어떤 분은 이전에 바리스타 챔피언으로, 어떤 분은 마케팅 회사 기획자로, 어떤 분은 디자이너로 근무하고 카페를 오픈하는 경우도 있을 겁니다. 하지만 현실적으로 대부분 사장님들이 카페 운영에 필요한 역량을 제대로 습득하지 못한 채 카페 오픈을 맞이합니다. 더 큰 문제는 오픈 과정에서 혹시 인테리어 업체나 머신 회사가 대부분의 과정을 알아서 해주면 정작 본인은 어떤 부분의 역량이 부족한지도 모른 채 거대한 카페 무한경쟁의 바다로 항해를 시작하게 된다는 것입니다.

대기업의 경우, 많은 인원이 업무 분담을 통해 협업 형태로 일하고 있지만 개인 카페는 대부분 업무를 사장님 혼자 하게 되니 역량 부족이 여실히 드러납니다. 물론 이것은 매출에 곧바로 악영향을 미칩니다. 그래서 여러 역량 중 본인이 반드시 갖추고 시작할 것의 우선순위를 정할 필요가 있는데 그 첫 번째 자리에 브랜딩 역량을 두시길 바랍니다.

저는 이 책을 통해 개인 카페 오픈 준비를 위해 꼭 알아야 할 '카페 사장님의 핵심 역량'으로 카페 브랜딩 그리고 카페 브랜딩을 전개하기 위한 디자인, 고객 경험, 마케팅 3가지 측면에서 설명해드리겠습니다. 절차상 반드시 거쳐야 하는 기본적인 내용은 저희 카페인사이트랩의 블로그를 통해 전달해드리겠습니다. 이 책에서는 지속 가능한 카페 운영을 위한 준비 첫 단계에서 반드시 필요한 카페 브랜딩 전략 개발과 전개해 나가는 방법을 차근차근 설명해드립니다. 부디 많은 카페 예비 사장님들께서 이 책을 통해 자기다움이 제대로 담긴 카페를 오픈하셨으면 좋겠고 내 카페를 통해 나와 가족의 삶에 기쁨이 충만하도록 조금이라도 도움이 되길 바랍니다.

이야기를 시작합니다.

2024년 10월

배주태

카페 투어 프로젝트에 참여해주신
60여 개인 카페 대표님들께 진심으로
감사함을 전합니다.

CONTENTS

PROLOGUE   3

01 – 카페 브랜딩을 시작하라

카페 브랜딩의 정의   19
브랜드, 브랜딩 그리고 마케팅   23
개인 카페에도 브랜딩이 필요하다   32
가장 중요한 첫 번째 질문, '나'   38
아이디어 발상과 생각 정리   52

내 카페 브랜드 설계하기   60
브랜드 설계의 3대 원칙   63
Q-CARD로 기획해보는 카페 브랜드   69
브랜딩의 시각화: 무드보드   83
브랜드를 글로 정의하라   87

02 – 카페 브랜딩의 제1요소: 디자인

디자인 안목　　　　　　　　　　　　　99
디자인의 기본은 통일성　　　　　　　102
디자인 안목을 높이는 3단계 훈련법　　110

카페 디자인　　　　　　　　　　　　　121
공간 아이덴티티가 반영된 인테리어　　125
인테리어 2가지 공사 방식: 반셀프, 턴키　135
인테리어 이외 디자인　　　　　　　　143

※ 디자인을 위한 실무 Tool & Service

03 – 카페 브랜딩의 제2요소: 고객 경험

첫 번째 고객 경험: 맛 — 162
맛 수준 목표를 정하다 — 164
신메뉴 개발의 3대 요소 — 174
※ 디저트 레시피 클래스

두 번째 고객 경험: 고객 여정
고객 여정 설계와 분석 — 187
고객 여정의 핵심: 고객응대 — 191
성공적인 커뮤니케이션을 위한 3가지 팁 — 198

세 번째 고객 경험: 빛과 소리
카페 인테리어에 적용해야 할 빛과 소리 — 205
빛을 디자인하는 방법 — 208
소리를 프로듀싱하는 방법 — 214

04 - 카페 브랜딩의 제3요소: 마케팅

마케팅의 기본적인 4가지 이해 228
브랜딩을 반영한 마케팅 231
꼭 필요한 마케팅 소재 234
고객의 기분 좋은 참여 238
온라인 마케팅 vs 오프라인 마케팅 242

온라인 마케팅 심화 246
인스타그램 마케팅 설계 전략 249
트래픽을 끌기 위한 콘텐츠 기획의 6가지 포인트 256

※ 인스타그램 프리랜서를 적극 활용하세요

오프라인 마케팅 심화 273
오프라인 마케팅 전략 276
재방문을 부르는 오프라인 마케팅의 6가지 사례 283

부록- 케이스 스터디

EPILOGUE 309

01

카페 브랜딩을 시작하라

새로 오픈한 카페는 일단 동네에서 주목을 받게 됩니다. 그리고 고객들도 호기심에 한 번씩 방문하게 됩니다. 그런데 정말 무서운 점은 불만을 가진 고객들은 아무 말도 없이 다음부터는 그냥 안 온다는 것입니다. 불만이 무엇이었는지 알려주기라도 하면 정말 감사할 텐데 고객들은 절대로 말하지 않습니다. 그래서 내 카페를 고객들에게 오픈할 준비가 아직 덜 되었고 내가 카페 사업의 의사결정권자로서 준비가 덜 되었다면 카페 오픈을 다소 미루더라도 부족한 부분을 채우고 나서 오픈하는 것이 바람직합니다.

카페 브랜딩은 카페 오픈이 임박한 시기에는 진행하지 말고 본격적인 준비가 진행되기 전에 해야 합니다. 브랜딩하는 과정은 여러 자료들에서 영감을 얻고 내 생각을 정리해 글과 이미지로 표현해보는 과정의 연속입니다. 따라서 조급한 마음에 진행하면 최상의 결과를 내지 못할 가능성이 큽니다. 카페를 팝업스토어(pop-up store)처럼 3개월가량만 운영하고 닫을 생각이라면 상관없겠지만 3년, 5년, 10년 이상 운영하고 싶다면 정말 중요한 결정을 내려야 할 순간들이 많을 겁니다. 그러니 시간을 더 투입할 수 있고 마음의 여유가 있을 때 카페 브랜딩을 진행하는 것이 좋습니다.

누군가가 "어떤 카페를 하고 싶어?"라고 여러분에게 물었을 때 "어, 그냥 스페셜티 커피랑 디저트로 마들렌을 파는 카페를 하고 싶어. 구체적인 건 더 생각해봐야지."라고 대답하실 건가요. 아니면 3D로 구현된 카페 이미지를 보여주며 "응. 내가 하고 싶은 카페 아이덴티티는 생각을 정리하고 아이디어가 떠오르는 곳이거든. 그래서 인테리어는 이렇게 비비드한 컬러와 팝아트 작품들이 액자에 담기게 하고 싶고 1인용 탁자를 군데군데 구석에 배치해 뭔가에 몰입하는 손님들의 모습이 카페에서 항상 보이게 하고 싶어. 물론 디저트도 비비드한 컬러가 있는 푸딩으로 만들 생각이야."라고 대답하실 건가요?

카페 브랜딩을 하려면 우선 브랜드와 브랜딩부터 이해해야 합니다. 그래서 저는 우선 기본적인 개념 설명부터 시작해 본인의 구체적인 카페 브랜딩을 전개하는 과정을 설명하겠습니다. 사실 카페라는 공간이 오픈되는 것보다 더 중요한 것은 카페 대표자로서 내가 준비되는 것입니다. 항해에 대해 전혀 모르고 뱃멀미까지 심한 사람이 누군가로부터 좋은 배 한 척을 얻었다고 가정해 봅시다. 파도가 잔잔한 고요한 바다에서야 그럭저럭 항해할 수 있겠지만 폭풍우가 몰아치는 날에는 표류하는 신세가 될 것이 뻔합니다.

그래서 무엇보다 '나' 자신에 대한 세밀한 관찰과 내가 생각하는 카페에 대한 여러 가지 질문에 몰입해 고민해보고 답하는 것이 좋습니다.

글로써 뿐만 아니라 비주얼(visual)한 이미지들로 본인 카페의 브랜딩을 점점 구체화해가는 과정을 제시해 드리겠습니다. 쉬지 않고 원석을 계속 깎다 보면 결국 영롱한 빛의 단단한 보석이 나타나듯이 불분명했던 카페 창업의 비전이 매우 명확히 완성되는 경험을 하시게 될 겁니다. 그러면 진정한 '나'를 담은 카페가 완성되리라 확신합니다.

카페 브랜딩의 정의

카페 브랜딩을 한 문장으로 정의하면 '내 카페를 고객에게 기억시키는 방법'입니다. 잠시 생각해봅시다. 여러분은 동네 카페 중에서 가본 적은 있는데 특별히 어떤 특징이 떠오르지 않는 카페가 많을 겁니다. 그런데 자신에게 좋은 기억으로 남은 카페들을 가만히 떠올려보면 그 카페들을 기억나게 해주는 나름의 여러 요인이 있습니다. 뛰어난 퀄리티의 디저트, 카페 내부 로스팅 기계에서 나오는 진한 커피 향, 입구에 들어설 때 귓가에 들려오는 몽환적인 음악 등등. 그런데 저는 맨 먼저 주목하는 것이 있습니다. 바로 사장님입니다.

2가지 이유에서 그런데요. 첫째, 저는 카페라는 공간을 일종의 공연장이라고 생각합니다. 다음 장면을 상상해봅시다.

  손님이 입장해 자리에 앉습니다. 흘러나오는 음악을 감상하며 그 공간의 분위기에 취해 잠시 다른 시간과 다른 기억을 떠올립니다. 사장님이 바로 그 공연장의 주연 배우입니다. 동네 카페 사장님이 바뀌면 손님들은 단 1초 만에 알아봅니다. 처음 가는 카페라도 사장님인지 파트타이머인지 1초 만에 알아차립니다. 주연 배우이기 때문에 사장님 본인이 좋든 싫든 카페에 대한 고객들의 기억 중에서 사장님 본인이 차지하는 비중이 가장 크기 때문입니다.

  둘째, 카페 사장님은 그 카페의 브랜드를 결정하고 브랜딩을 이끌어 나가는 실무자이자 의사결정권자이기 때문입니다. 그래서 사장님 본인이 어떤 사람인지 아는 것이 개인 카페 브랜딩의 첫 번째 단계입니다. 연극배우 출신이어서 성격이 매우 외향적이고 의사소통에 능한 사람, 집중력과 학습능력이 뛰어나 디저트 메뉴개발에 대한 몰입도가 매우 높은 사람, 음악을 전공해 일반인보다 음질에 매우 민감한 사람. 사장님이 가진 성향, 적성,

기술, 지식, 신체에 따라 카페의 컨셉과 모습은 달라야 합니다.

카페 브랜딩 과정을 거치면서 얻게 되는 매우 큰 이점은 나의 부족한 부분을 명확히 알 수 있게 된다는 것입니다. 카페 오픈이 얼마 남지 않았더라도 부족한 부분을 먼저 배우고 그것이 충분히 채워졌을 때 오픈해도 늦지 않습니다.

그런데 많은 분이 일단 오픈부터 하고 문제가 생기면 그때 가서 대처하겠다고 생각하시는 것 같습니다. 카페 오픈 과정은 내부에 칠할 페인트 색상 결정처럼 돌이키기 힘든 수많은 의사결정을 내리는 것인데 나 자신이 준비가 안 되었다면 의사결정권자가 될 자격이 아직 없다고 봐야 합니다.

일반적으로 회사에서는 그런 의사결정권자를 만들어내기 위해 사원, 대리, 과장, 팀장 등의 직급과 직책을 만들어 직원들을 성장시켜 나갑니다. 카페를 창업한 나는 어느 날 갑자기 대표자로 발탁되어 승진됩니다. 갑자기 수많은 의사결정권까지 생깁니다. 좋은 의미에서는 내가 하고 싶은 대로 할 기회이지만 나쁜 의미에서는 내가 의사결정권자로서 자격이 안 되면 잘못된 의사결정을 내릴 수 있다는 것입니다. 그리고 그 피해는 고스란히 내가 감당해야 하는 두렵고 떨리는 시기라는 것을 알아야 합니다.

| 브랜드, 브랜딩 그리고 마케팅

고객이 내 브랜드를 기억해주면 좋겠다는 고민은 대기업부터 1인 자영업자까지 모두 하고 있습니다. 다만, 대기업은 이 고민을 자영업자보다 더 체계적이고 심도 있게 하고 있다는 것이 차이점입니다. 체계적이고 심도 있는 고민과 실행의 모든 과정을 '브랜딩'이라고 부릅니다.

브랜딩은 고객에게 내 상품을 다른 경쟁사와 다르게 기억시키기 위해 상품에 아이덴티티 Identity, 정체성, 즉 브랜드 아이덴티티 Brand Identity, 브랜드 정체성 를 불어넣는 작업입니다. 물론 다르게 기억시키는 것의 가장 큰 목적은 고객에게 우리만의 만족을 주는 것입니다. 고객이 기억은 했지만 안 좋은 기억이 되어 "두 번 다시는 안 와."라고 말한다면 차라리 기억하지 못하고 다음에 또 오는 것이 낫습니다. 물론 세 번째는 안 오겠지만요. 어쨌든 고객들의 만족과 기억을 위해 많은 기업이 브랜딩하고 있다는 것에 주목하면 좋겠습니다. 그런데 브랜딩이 주로 기업들에서 이뤄지는 전략업무 영역이다 보니 이와 무관한 업무를 했던 분들은 접

할 기회가 별로 없는 것이 당연합니다. 그러다 보니 카페 오픈을 준비하는 과정에서 브랜딩이 누락되어 버리는 경우가 매우 많습니다.

문제는 여기서 시작됩니다. 우리 동네에 카페가 1~2개일 때는 경쟁이 적었는데 10개쯤 생기다 보니 임대료를 걱정할 정도로 경쟁이 심해집니다. 치열한 이 카페 경쟁 현실에서 11번째 카페 오픈을 새로 준비하는 사람은 바로 이 책을 읽는 여러분입니다. 네, 그러니 당연히 뭔가 다르게 해야 합니다. 10명의 기존 카페 사장님과 다르게 말입니다. 그러기 위해서 카페 오픈을 준비하는 첫 단계로 브랜딩부터 시작해야 합니다. 하지만 많은 사장님이 브랜딩에 익숙하지 않다 보니 메뉴 수를 늘리거나 가격을 낮추거나 비용을 더 많이 들여 인테리어를 더 고급스럽게 하는 개별적인 사안들로 경쟁하려는 것이 현실입니다.

제주도에 갔더니 1인 스태프가 운영하는 스타벅스 매장이 있다고 가정해 봅시다. 한 명이 운영하는 매장이니 거기엔 우리 머릿속에 있는 스타벅스다움이 없을까요? 갑자기 진동벨을 주고 지난주 인기 차트 1위 곡이 흘러나오고 있을까요? 아니죠. 카페 직원 수와 상관없이 모든 스타벅스 매장의 컨셉과 운영방식이 똑같을 것으로 생각할 겁니다. 스타벅스의 브랜딩이 모든 매장에 녹아 있기 때문입니다.

내가 운영하는 1인 카페를 생각해봅시다. '1인 카페이고 평수도 작으니 기업들이 하는 브랜딩과 내 카페는 상관이 없다. 나는 장사를 시작하는 것이다.'라고 생각하는 게 과연 맞을까요? 스타벅스 1인 매장과 내가 하는 1인 매장이 왜 달라야 하나요? 내 카페에는 브랜딩이 어울리지 않는다고 왜 생각해야 하나요? 네, 물론 절대로 그렇게 생각할 필요가 없습니다. 카페도 기업입니다. 혼자 하는 1인 기업도 엄연한 기업입니다. 기업으로서 내 상품인 카페를 고객에게 어떻게 기억시킬지 체계적이고 깊은 고민이 필요합니다. 앞에서 말했듯이 기업들은 그것을 브랜딩이라고 부릅니다.

카페 투어 프로젝트

1년간 저는 60개 카페와 카페 투어 프로젝트를 진행하면서 카페 사장님이 의도했든 의도하지 않았든 브랜딩을 매우 잘 진행하거나 부족하나마 어느 정도 진행하는 카페들을 발견했습니다. 제가 느낀 공통점은 역시 부족하더라도 조금이라도 브랜딩을 진행하는 카페들이 그 지역에서 상위권에 있다는 것이었습니다. 1인 개인 카페도 브랜딩을 해야 한다는 것을 제가 절실히 느끼고 이 책을 꼭 써야겠다고 생각한 이유도 바로 이 때문입니다.

다시 우리 동네로 돌아옵니다. 우리 동네에는 카페가 10개나 있고 내 카페는 이제 11번째가 됩니다. 가만히 보니 그중 사장님 세 명은 로스팅까지 할 정도로 커피 전문가입니다. 인테리어를 좀 예쁘게 하고 스페셜티 커피를 합리적인 가격에 판매하면 되리라 생각했는데 갑자기 심장이 두근거립니다. 다른 동네로 옮겨볼 생각도 해봅니다. 그런데 가만히 생각해보니 동네를 옮겨도 상황은 같을 것 같습니다.

이 시점에서 매우 기쁜 소식이 있습니다. 대부분 카페가 브랜딩을 하지 않고 있다는 것입니다. 대부분 카페가 디저트를 직접 만들지 않던 시절, 디저트를 손수 만들어 팔던 동네 몇몇 카페는 매출 상위권에 있었습니다. 비슷하게도 아직까진 대부분 개인 카페들이 브랜딩을 학습하거나 실행하는 데 적극적으로 나서지 않고 있어 내 카페가 앞의 카페들과 차별화되고 기억되는 매우 훌륭한 전략이 바로 브랜딩을 꾸준히 해나가는 것입니다.

그럼 도대체 브랜딩은 무엇이고 개인 카페의 브랜딩은 어떻게 진행해야 할까요? 이 책을 읽으면서 쉽게 이해하고 직접 실행할 수 있도록 설명하겠습니다. 우선, 몇 가지 기본적인 개념부터 정리하고 넘어갑시다. 브랜드와 브랜딩 그리고 마케팅입니다.

우리는 브랜드라는 단어를 일상에서 보통 상표나 로고를 말할 때 자주 쓰는데요. 정확한 의미에서 브랜드는 상표나 로고를 포함해 특정 상품이 가진 아이덴티티Identity, 정체성와 가치 전체를 말합니다. 그리고 브랜딩은 고객에게 내 상품을 다른 경쟁자들과 다르게 기억시키기 위해 상품에 아이덴티티, 즉 브랜드 아이덴티티Brand Identity를 불어넣는 작업이라고 했는데요. 브랜드 아이덴티티, 즉 우리 브랜드만의 정체성을 만들어 고객들에게 꾸준히 다양한 방법으로 알리는 활동을 말합니다. 마지막으로 마케팅은 상품과 서비스 판매를 위한 전략과 실행을 말합니다.

우리는 볼보 자동차를 말할 때 로고나 'VOLVO'라는 상표와 함께 안전한 고급 외제차라는 아이덴티티를 떠올립니다. 이것이 브랜드입니다. 그리고 이 브랜드를 고객들에게 기억시키기 위해 똑같은 로고, 상표, 아이덴티티를 TV CF, 온라인, SNS, 매장에서 다양한 방법으로 고객에게 전달하고 경험시킵니다. 이것이 브랜딩입니다. 더불어 VIP 고객을 초청해 신차에 시승시키는 행사, 볼보 고객을 초청한 캠핑장 운영, 인플루언서들과 제휴한 신차 콘텐츠 제작 등을 마케팅이라고 부릅니다.

브랜드는 다양한 방법으로 고객들에게 전달됩니다. 예를 들어, 상품을 파는 스토어 공간의 인테리어나 비치된 브로셔를 통해서도 고객들은 브랜드를 인지할 수 있습니다. 매장의 고객을 응대하는 직원분들의 서비스 그리고 TV 광고를 통해서도 브랜드는 고객에게 전달됩니다. 상품의 판매 전략이라고 할 수 있는 마케팅을 통해서도 고객들은 브랜드를 온라인 또는 오프라인을 통해 경험하게 됩니다. 이처럼 브랜드는 다양한 방법으로 고객에게 전달됩니다. 이렇게 다양한 방법으로 브랜드를 전달하는 모든 과정을 브랜딩이라고 합니다.

위와 같이 다양한 방법으로 고객들에게 전달되는 브랜드를 효과적으로 기억시키기 위해서는 다음 2가지가 꼭 필요합니다.

첫째, 브랜드 아이덴티티가 매우 심플하고 명확해야 합니다. 카페에 내가 담고 싶은 여러 가지 컨셉과 강점을 모두 담으면 고객들은 오히려 하나도 기억하지 못할 겁니다. 한 번 생각해보시면 우리가 잘 아는 카페들은 특정한 1가지로 고객들이 기억하는 경우가 대부분입니다.

둘째, 어떤 방법으로 전달되든 브랜드 아이덴티티는 동일하

브랜드를 고객에게 전달하는 방법은 마케팅, 홍보, 고객서비스 등 여러 가지가 있으며 이와 같은 브랜드 전달의 모든 과정을 브랜딩이라고 합니다.

게 유지되어야 합니다. 카페의 브랜드 아이덴티티가 도시에서의 여유와 쉼이라고 가정한다면 인테리어, 음악, 스태프들의 응대 방식, 인스타그램의 사진과 영상, 간판과 메뉴판의 디자인 등을 통해 브랜드 아이덴티티인 여유와 쉼을 동일하게 느낄 수 있도록 모두 한 방향으로 기획되고 준비되어야 합니다.

브랜드	상표나 로고를 포함해 특정 상품이 지닌 아이덴티티와 가치
브랜딩	브랜드를 고객에게 알리는 모든 활동
마케팅	상품과 서비스의 판매를 위한 전략과 실행

개인 카페에도 브랜딩이 필요하다

　카페는 정말 오묘한 공간입니다. 사업자등록 업종으로 보면 음식점으로 분류되는 지극히 평범한 외식업체이지만 카페는 사장님과 고객 모두에게 일종의 로망과 설렘을 선사하는 복잡미묘한 공간입니다. 일반 음식점을 지하철에 비유한다면 카페는 유람선에 비유할 수 있습니다. 교통수단이 가진 고유한 목적을 넘어 낭만과 여유 그리고 음악과 승객들 간 소통을 즐기는 유람선. 그렇습니다. 카페는 그런 공간입니다. 그래서 우리는 내 카페를 차리고 싶다는 열망에 그렇게 마음이 들떴는지 모릅니다.

　카페의 이런 복잡미묘한 공간적인 특징을 생각할 때 1가지 주목할 점이 있습니다. 흔히 우리가 특정 상품에 대해 말하는 2가지 만족, 즉 기능적 만족과 감성적 만족 중 일반 음식점이 기능적 만족에 주로 목적을 둔다면 카페는 이 2가지 만족 모두 목적인 공간이라는 점입니다.

　커피의 가격, 맛, 서빙 속도와 같은 기능적 만족과 카페에서 흘러나오는 음악, 의자와 소파가 제공하는 안락함, 사장님의 정감 있는 인상과 같은 감성적 만족이 공존하는 공간이 카페입니다. 그래서 어떤 카페는 커피 본연의 최상의 맛으로 손님들이 찾아오게 만들지만 어떤 카페는 은은한 조명에 아지트와 같은 분위기로 손님들이 찾아오게 만듭니다. 이것은 고객이 만족하는 포인트가 다양하다는 좋은 마케팅 기회로 볼 수도 있지만 다른 한편으로 내 카페가 가질 수 있는 경쟁력이 매우 애매하고 분산될 수도 있다는 뜻입니다.

카페는 오픈 과정에서 챙겨야 할 것이 너무나 많습니다. 실제 카페 오픈 실무 과정에 들어가면 극도의 스트레스와 피로가 몰려옵니다. 당장 계획한 오픈 일정에 맞추려니 하루하루 시간이 빠듯합니다. 그래서 앞에서 말한 기능적 만족과 감성적 만족 중 어느 한쪽이 빠진 채 오픈하거나 심지어 아무것도 만족시키지 못하는 평범한 '커피·음료 판매가게'가 되고 맙니다.

카페 사장님들로부터 카페 오픈 과정을 직접 들어보는 '카페 투어 프로젝트'를 진행하면서 카페 오픈을 준비한 기간을 물어보니 구상은 보통 1년 전 그리고 부동산 임장으로 시작되는 본격적인 준비는 6개월 전부터 했다는 대답이 가장 많았습니다.

저는 이 1년과 6개월 전 사이 기간을 중요하게 봅니다. 이 기간 이야말로 전지적 관점에서 여유로운 상태에서 숲을 조망할 수 있는 기간입니다. 바로 이 시기에 마음을 가다듬고 정신을 집중해 생각을 정리해야 합니다.

'고객들이 내 카페를 기억하고 다시 찾아와줄까?'
'그게 딱 1가지 이유라면 어떤 이유일까?'

카페라는 공간을 오픈하는 것보다 더 중요한 것은 카페를 꾸준히 운영하는 것이고 이것은 곧 내 카페를 고객에게 기억시키는 것과 같습니다. 현실적으로 우리에게 중요한 것은 우리 커피가 얼마나 고급스러운 스페셜티 원두를 썼는지, 인테리어를 얼마나 유명한 시공사에 맡겨 얼마나 비싼 값에 시공했는지가 아니라 사람들이 우리 카페를 기억하게 해야 한다는 것입니다. 너무 좋았던 커피 맛을 기억하든, 소파가 푹신하고 안락해서 기억하든, 사장님의 친절함과 상냥한 미소에서 5초 동안 느꼈던 행복감을 기억하든, 곡명은 모르겠지만 그루브(groove)한 음악이 안겨줬던 짜릿한 전율을 기억하든 고객들이 우리 카페를 기억하게 해야 합니다.

그런데 내 카페를 고객들이 어떻게 기억하게 할까요? 아니, 기억하게 만들 거리나 있을까요? 냉정히 생각해보면 내가 오픈할 카페를 고객들이 기억하게 하는 것은 결코 쉬운 일이 아닙니다. 커피가 맛있고 사장님만 친절하면 고객들이 저절로 다시 찾아오고 내 카페를 기억해줄 거라고요?

> 성신여대입구역 근처에 카페를 오픈한다고 가정해 봅시다. 성신여대입구역 반경 200m 안에는 51개 카페가 있습니다. 그 카페 사장님들은 나보다 먼저 카페를 오픈한 선배 사장님들입니다. 그들 중에는 20대 초부터 커피와 로스팅 일만 해왔거나 인테리어 디자이너로 일했던 사람도 있을 겁니다.

최근 어느 동네든 카페 수가 급증하고 있는 것을 감안하면 후발주자인 내 카페를 고객이 쉽게 기억하기는 어렵다고 생각하는 게 맞습니다. 굳이 기억하게 하지 않아도 앞길에 유동인구가 많으니 자리만 좋으면 고객이 내 카페에 들어올 거라고 생각한다면 본인의 평소 생활 패턴부터 돌아볼 필요가 있습니다. 여러분은 지나가는 길에 있는 카페에 자주 가나요? 여러분의 단골 카페가 있나요?

내 카페를 고객에게 기억시키기 위한 카페 브랜딩의 첫 번째 단계로 사장님 본인을 관찰하고 재발견하는 과정을 진행할 예정입니다. 내가 나에 대해 나름 잘 안다고 생각할 수 있습니다.

그런데 개인으로서 나와 카페 사장으로서 나는 큰 차이가 있습니다. 회사에서 직원으로 일하다가 카페를 오픈하면서 어느 날 갑자기 사장이 됩니다. 사무직 일을 해오다가 갑자기 서비스직 일을 하게 됩니다. 평소 체력이 아슬아슬한데 하루 10시간 동안 서서 일합니다. 여러 동료와 함께 일하다가 혼자 일합니다. 수줍음 많고 내성적인 성격인데 어느 날 갑자기 하루 50명의 처음 보는 사람과 이야기를 나눕니다. 네, 이것이 카페 사장입니다. 평소 본인도 몰랐던 본인의 진짜 모습과 능력을 이제야 만납니다.

다음 단계로 몰입의 시간을 통해 본인이 하고 싶은 방향의 카페를 진심으로 주의 깊게 고민해봅시다. 아이덴티티, 타깃, 프로덕트 3가지 측면에서 내 카페는 어떤 특징이 있을지, 어떤 경쟁력과 차별점이 있을지 생각을 정리합니다. 생각 정리는 머릿속에서 하지 않고 다양한 이미지와 손으로 직접 쓴 글로 합니다. 그리고 정리한 내용 중에서 내 카페의 아이덴티티를 담을 키워드 세 개를 정해 내가 오픈하고 싶은 카페를 매우 명확히 정의해 봅니다. 명확한 정의를 내리고 나면 후속 진행 업무들, 예를 들어 상권, 인테리어, 커피머신, 디저트, 가구, 음악 등이 어느 방향으로 가야 할지도 명확해집니다. 그만큼 업무 진행에도 속도가 붙고 인테리어, 디자인, 커피머신, 로스팅 등 외주 업체와의 소통에서 내 주장이 분명해집니다. 내 주장이 분명해지면 외주 업체 입장에서도 일을 쉽게 빨리 진행할 수 있게 됩니다.

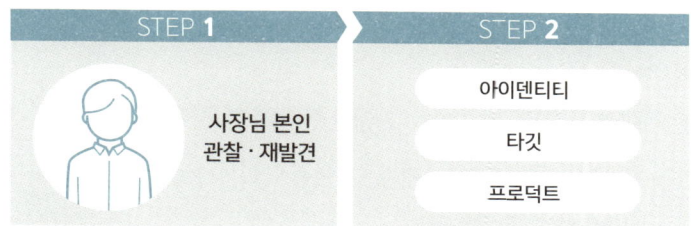

가장 중요한 첫 번째 질문, '나'

저는 사장님 본인인 '나'를 객관적으로 관찰하는 것이 카페 오픈 준비의 첫 번째 단계라고 생각합니다. 카페의 의사결정권자인 동시에 실무자가 바로 사장님 본인이기 때문입니다. 파트타이머나 직원이 실무를 담당하더라도 의사결정권자로서 사장님의 영향력은 결국 카페 전체에 미칩니다. 고객은 무의식적으로 사장님의 존재를 카페에서 느끼게 되는데요. 때로는 그것이 그 카페를 찾거나 찾지 않는 이유가 되기도 합니다.

고객들이 카페를 찾는 이유로 사장님이 차지하는 비중은 별로 높지 않다고 말하는 사람들도 있습니다. 카페 종류에 따라 그런 카페가 있을 수도 있습니다. 번화가의 저가형 프랜차이즈 카페 매장이라면 사장님보다 업무 매뉴얼과 숙달된 파트타이머가 더 중요할 수 있습니다.

하지만 프랜차이즈 카페가 아닌 개인 카페에서 사장님은 고객과의 접점에 관여된 부분이 너무나 많습니다. 사장님이 커피에 대한 깊은 관심과 열정이 있더라도 그 입맛이 대중적이지 않고 다소 의아한 맛을 사장님 본인이 선호한다면 스페셜티의 아무리 고급스럽고 유니크한 커피도 손님들이 찾게 만들 수는 없을 겁니다.

또한, 인테리어에 무려 2억 원이나 들여 정작 카페를 차렸지만 사장님의 디자인 안목이 낮다면 카페 공간의 디자인 일관성이 점점 사라지거나 카페 공간과 인스타그램상 이미지 퀄리티 사이에 큰 차이가 날 수도 있습니다. 따라서 저는 개인 카페 브랜딩의 첫 단계로 카페를 오픈하는 사장님 자신이 어떤 사람인지 객관적으로 관찰하면 좋겠습니다.

이것은 2가지 관점에서 드리는 제안인데요. 첫 번째는 자신에게 맞는 유형의 카페를 오픈하는 게 좋겠다는 것이고 두 번째는 자신과 맞진 않지만 꼭 하고 싶은 유형의 카페가 있다면 충분한 교육·훈련을 받고 자신부터 개선하고 나서 카페를 오픈하자는 것입니다.

청킴제과

서울특별시 중구 동호로10길 7 1층 | :camera: chungkim_official

약수역에 '청킴제과'라는 디저트 카페가 있습니다. 청킴제과의 청킴은 아들과 어머니의 성에서 따온 브랜드명입니다. 청킴제과는 변호사 일을 하던 아들이 일본에서 제과 일을 배워온 어머니로부터 레시피를 전수받아 오픈한 스토리를 가지고 있습니다. 청킴제과는 인스타그램과 유튜브로 카페의 스토리를 알리기 시작했고 손님들과 미디어에서 주목하는, 말 그대로 매우 핫한 오픈런까지 해야 하는 디저트 카페가 되었습니다. 물론 청킴제과는 독보적인 '약과 까눌레'와 기타 디저트들의 높은 퀄리티 덕분에 유명해진 카페입니다. 하지만 카페의 스토리가 없었다면 사람들에게 알려지거나 기억될 때까지 더 많은 시간이 걸렸을 겁니다.

● 나만의 스토리가 있을까?

첫 번째, 카페의 스토리를 나와 관련된 범위 안에서 발굴해 봅니다. 스토리와 컨셉은 조금 다른 개념인데요. 스토리는 '나'와 관련된 팩트fact입니다. 카페의 컨셉은 이 스토리를 바탕으로 기획될 수도 있고 가상의 개념을 바탕으로 기획될 수도 있습니다. 스토리와 컨셉이 같으면 진정성 있는 컨셉이 되므로 성공할 가능성이 훨씬 높습니다.

북유럽 컨셉의 카페를 생각해봅시다. 실제로 사장님이 스웨덴에서 살다가 와서 스웨덴에서 직접 찍은 본인의 일상 사진들이 카페 여기저기에 걸려 있고 커피와 함께하는 휴식시간을 뜻하는 '피카'fika, 스웨덴어로 커피와 간단한 간식을 먹으며 담소를 나누는 시간를 카페의 아이덴티티로 정해 전반적인 인테리어나 디저트를 준비했다면 고객들은 의식적, 무의식적으로 진정성 있는 컨셉으로 느낄 겁니다.

카페를 오픈할 때 필요한 스토리는 사실 대단한 스토리가 아닙니다. 유튜브와 SNS의 급성장 덕분에 이전에 언론에서 대중의 주목을 받던 특정 콘텐츠와 인물들에서 벗어나 정말 다양한 콘텐츠와 인물들이 대중의 호응을 얻고 있습니다. 우리는 사업적으로 쓸모 있는 스토리가 내 안에 있고 내 주변에 있었지만 잘 알지 못하는 경우가 많습니다. 혹시 있을지도 모르는 나만의 좋은 스토리를 찾아내면 좋겠습니다.

매우 사소한 것들이 훌륭한 스토리가 될 수 있습니다. 집에 있는 오래된 수십 개 음악 테이프는 어떨까요? 홍대에 있는 '스테레오포닉사운드'라는 카페는 카세트 플레이어와 음악 테이프를 고객에게 빌려주는 서비스를 제공해 MZ세대 고객의 뜨거운 호응을 받고 있습니다. 흠뻑 빠져 읽었던 특정 작가의 책들, 해외에서 봤던 인상 깊은 소소한 작은 비건 식당의 추억, 할아버지께서 직접 농사지으신 과일들, 취미로 배워본 그릇 만들기, 대학에서 전공한 역사학, 아이를 키우느라 빼곡히 적어두었던 육아 일기장 등등 뭐든지 말입니다.

- 나의 인·적성을 고민해보다

두 번째, 나는 어떤 성향이고 무엇을 좋아하는 사람인지 나의

인·적성을 객관적으로 분석해 나에게 맞는 카페 유형을 체크해 봅니다. 저는 카페를 다음과 같이 6가지로 구분합니다.

구분		설명
방문목적	미식 카페	맛 퀄리티가 매우 뛰어난 커피와 디저트가 있는 카페
	생활 카페	일상적으로 자주 찾는 카페
	컨셉 카페	인스타그램에 올릴 만한 독특한 컨셉과 마력을 가진 카페
상권	주택 상권	주택가에 위치한 카페
	오피스 상권	회사 밀집지역에 위치한 카페
	핫플 상권	찾아가는 핫플레이스에 있는 카페

카페를 주택 상권에 차린다면 무엇보다 사장님 개인의 이미지가 손님에게 미치는 영향이 매우 큽니다. 그래서 카페 사장으로서 매출을 올리는 데 유리한 성향이 있느냐가 매우 중요한데요. 당연히 매출에 유리한 성향이라는 것은 모르는 사람들과도 상당히 유연하게 소통하고 외모나 커뮤니케이션도 매력적인 것을 말합니다.

제가 카페 투어 프로젝트를 진행했던 동네 주택 골목의 카페 사장님 중 한 분은 연극배우 출신이었는데요. 그분은 카페에 들어오는 손님뿐만 아니라 카페 앞을 지나가는 동네 사람에게도 인사하곤 했고 오픈한 이후 동네에 카페가 일곱 군데나 더 생겼지만 별 타격 없이 매출 상위권을 유지하고 있었습니다. 연극배우 특유의 낭랑한 목소리와 인상도 큰 장점으로 작용했습니다.

반면, 주택 상권에서 핫플 상권으로 카페를 옮긴 한 사장님은 카페를 옮긴 이유 중 큰 부분으로 밤새도록 커피 연구는 얼마든지 하겠는데 동네 사람들과 친근하게 소통해야 하는 것이 너무 힘들었다고 토로했습니다.

1년 동안 제가 카페 투어 프로젝트를 진행하면서 특히 주목했던 카페들은 주택 상권의 생활 카페들이었습니다. 카페는 서비스 업종이어서 고객 환대와 기분 좋은 소통이 중요한데요. 생각보다 많은 카페 사장님들이 이런 점에서 좀 아쉬운 모습을 보였습니다. 네, 충분히 이해됩니다. 우리가 카페를 오픈한다고 할 때 고객 환대나 소통하는 교육을 해주는 학교가 있는 것도 아니고 디테일한 관심이 없으면 그 부분이 매출에 영향을 미칠 수 있다는 생각을 깊이 하기도 쉽지 않습니다. 그래서 먼저 본인의 성향이 고객 환대에 적합한지부터 체크할 필요가 있습니다. 만약 적합하지 않다면 카페 오픈을 다소 연기하더라도 방향을 바꿔 미식 카페나 컨셉 카페를 고려하는 것이 나을 듯합니다.

오피스 상권 카페의 경우, 많은 사장님이 건강 악화를 경험했다고 합니다. 아침 시간과 점심시간, 흔히 말하는 러시타임(Rush time)이 두 번 있는데 이 시간에 강도 높은 반복노동이 발생합니다. 그래서 체력이 약하거나 원래 손이 빠르지 않다면 건강이 금방 나빠질 우려가 있습니다. 그리고 커피에 대한 진정성을 가지고 좋아하는 커피를 추구하겠다고 생각한다면 오피스 상권에서는 맞지 않을 수 있습니다.

가격 경쟁이 워낙 심해 어쩔 수 없이 경쟁에 편승하게 되고 그렇지 않더라도 러시 타임에 쫓기다 보면 원하는 커피를 온전히 구현하지 못할 수도 있습니다. 하지만 오피스 상권이라면 주말 휴무가 가능한 경우가 많으니 주말만큼은 개인 시간을 가지고 싶어 하는 분에게 적합합니다.

YM커피 프로젝트   서울특별시 은평구 연서로29길 21-8 | ymcoffeeproject

'YM커피 프로젝트'의 조용민 대표는 현재 규모의 카페를 오픈하기 전 6평 넓이의 작은 공방에서 2년 동안이나 준비했습니다. 커피에 대해 굉장히 집요하고 탐구적이고 더 맛있게 만들기 위해 배우는 데 시간을 아끼지 않았습니다. 오전 루틴에 수율과 TDS(Total Dissolved Solids, 총용존고형물) 측정까지 매일 하고 그라인더 분쇄기도 하루 2~3번 조정하는 것을 루틴으로 하고 있습니다. 말이 쉽지 실제로 해보면 매우 번거롭고 고된 과정입니다. 이렇게 커피에 대한 강한 집념과 진정성을 가진 사장님들이 높은 퀄리티의 커피 맛을 구현한다는 공통점이 있습니다.

핫플 상권은 평일 매출보다 주말 매출이 2~3배 많이 집중되는 특징이 있습니다. 주말에 인스타그램이나 네이버플레이스를 검색해보고 찾아오는 고객이 많습니다. 고객이 굳이 후일에 멀리서 찾아오는 것은 당연히 평소 못 보던 공간, 못 보던 맛을 보기 위해서입니다. 그래서 고객이 멀리서도 찾아오게 만드는 SNS 게시물 콘텐츠 제작 능력이 매우 중요하고 공간과 메뉴는 물론 카페에 들어서면 눈에 띄는 사장님과 스태프의 스타일, 카페 BGM까지 핫플을 찾는 고객의 눈높이에 맞춘 트렌디함이 필요합니다.

특히 여기서 중요한 점은 인스타그램에 올릴 만한 인테리어가 있는 카페라도 '미식 카페'로 발전하지 않으면 오픈발이 끝나는 6개월째부터 매출이 감소할 수 있다는 것입니다. 성수동처럼 외국인들이 꾸준히 찾는 동네라면 다르겠지만 내국인들이 찾는 핫플 상권 카페들은 '미식 카페'로 옮겨야만 매출을 꾸준히 유지할 수 있습니다. 특별한 컨셉과 아이디어가 넘치는 인테리어라도 결국 더 새로운 카페가 등장하기 마련입니다.

미식 카페는 카페를 오픈하는 누구나 꿈꾸는 카페 유형이지만 대부분 할 수가 없는 유형이기도 합니다. 특히 최근 맛이 상향 평준화되어 웬만한 수준의 맛으로는 미식 카페로 불리기도 어렵습니다. 제가 카페 투어 프로젝트를 진행했던 미식 카페 사장님들은 공통점이 있었습니다. 우선 커피에 대해 말하면 카페 오픈을 위해 수많은 시간을 투자해 커피를 배우거나 연습한 것은 물론 지금도 커피에 많은 시간을 쏟고 있다는 것입니다.

디저트에 대해 말하면 디저트 미식 카페는 2가지로 나눌 수 있습니다. 첫 번째는 사장님이 디저트에 집중해 메뉴개발을 한 경우입니다. 커피 연구처럼 집요하고 지칠 줄 모르는 에너지가 충만한 사장님들입니다. 혼자 디저트를 연구·개발하는 열정뿐만 아니라 원데이 클래스를 찾아다니며 맛 구현을 위해 각고의 노력을 하는 분들이 많습니다.

두 번째 디저트 미식 카페 유형은 사장님은 커피에만 집중하고 디저트는 전문가에게 맡기는 경우입니다. 여기서 전문가는 동생, 아내 등 가족인 경우가 꽤 많았고 정기적으로 카페를 방문해 디저트를 생산해주는 프리랜서에게 맡기는 경우도 있었습니다. 가족이 자기 일처럼 최선을 다해주니 디저트 미식 카페가 될 가능성이 더 컸을 겁니다. 특이하게도 대학에서 제과제빵을 전공하지 않았더라도 원데이 클래스나 정규 과정을 이수한 분들이 많았습니다. 저희 회사에서도 케이터링을 하고 있어 메뉴개발을 해보면 전공자분들이 FM처럼 알고 있는 레시피 지식이 신메뉴 개발 때는 오히려 장애물이 되는 경우도 있었습니다.

컨셉 카페는 인스타그램에 올릴 만한 독특한 컨셉이나 디자인을 가진 카페입니다. 컨셉 카페의 사장님은 유니크한 스토리가 있거나 컨셉을 만들어낼 만한 충분한 창의성이 필요한데 보통 이것은 비주얼적인 요소로 나타나기 때문에 디자인에 대한 수준 높은 안목이 필요합니다. 그리고 컨셉 카페는 인스타그램 노출이 방문 여부를 결정짓는 강력한 채널이 되므로 사진을 찍고 인스타그램에 콘텐츠를 제작할 수 있는 감각과 지식도 갖춰야 합니다.

자신에게 독특한 스토리나 상상하는 훌륭한 컨셉이 있고 디자인 감각과 인테리어 감각이 있다면 컨셉 카페에 도전해볼 만합니다. 다만, 앞에서 말했듯이 컨셉 카페는 미식 카페로의 이동이 있어야만 고객 방문을 꾸준히 유도할 수 있습니다. 컨셉 카페의 가장 큰 장점은 인플루언서, 쇼핑몰, 유튜브, 잡지와 같은

미디어에서 촬영 요청이 초반에 꽤 많이 들어와 광고비를 들이지 않고도 대중에 노출될 수 있다는 것입니다. 그래서 조기에 손익분기점에 도달하는 데 유리한 경우가 많습니다.

위에서 정리한 방문 목적과 상권은 결합할 수 있습니다. 미식 카페이면서 주택 상권에 위치하거나 미식 카페이면서 핫플 상권에 위치할 수도 있습니다. 본인의 인성과 적성에 따라 적합한 카페 유형을 먼저 체크하면 본인 카페의 아이덴티티를 더 분명히 그려나갈 수 있고 부동산을 알아볼 때도 공인중개업체에게 더 구체적으로 요청하는 데 도움이 됩니다.

● 부족한 역량을 깨닫다

세 번째, 현재 내가 가졌거나 앞으로 가질 가능성이 매우 큰 카페 관련 역량, 즉 지식과 기술을 객관적으로 체크해 봅니다.
카페에서 파트타이머로 일해본 분들이라면 커피에 대해 잘 안다고 생각할 텐데요. 카페에서 파트타이머로 일한 분 중에 본인이 사용했던 에스프레소 머신의 브랜드가 뭐였는지조차 모르는 경우가 의외로 많습니다. 또한, 카페에서 디저트를 직접 만들어 팔 예정임에도 평소 디저트나 요리에 별 관심이 없던 분들도 많습니다. 실제로 디저트를 만들어보면 레시피가 문제가 아니라 반복적인 과정과 뒷정리가 매우 번거롭고 팔과 손에 무리가 간다는 것을 알게 됩니다. 오랫동안 취미로 집에서 홈베이킹을 해본 분들과 난생처음 해보는 분들이 디저트를 직접 만들 때 느끼는 피로감의 차이는 매우 크며 체력적 한계 때문에 포기하는 경우도 상당히 많습니다.

    커피와 디저트를 만드는 방법을 전혀 몰라도 '배워서 하면 되겠지.'라는 가벼운 생각으로 몇 개월 동안 학원에서 수업을 받고 창업하는 경우, 카페 무한경쟁의 바다에서 지나가는 거대한 대형 선박과 쾌속정의 물결에 앞으로 조금도 못 나가고 휘청거릴 우려가 큽니다. 그리고 카페의 주요 마케팅 수단인 인스타그램으로 평소 게시물을 거의 제작해보지 않은 분들은 카페 오픈 전 충분한 시간을 들여 학습과 실습을 해보지 않으면 카페 오픈 후 인스타그램을 하는 데 큰 어려움을 겪을 겁니다. 카페 관련 지식과 기술에 대한 현재 본인의 역량과 본인이 학습할 수 있는 수준을 예측해보고 카페 브랜딩을 기획할 때 꼭 반영해야 합니다.

| 아이디어 발상과 생각 정리

그동안 몇 번이나 상상했는지 모릅니다. '카페를 해보면 어떨까?', 마음에 드는 카페에 가면 유심히 살펴보고 '나라면 이렇게 했을까?'라는 생각도 해봤습니다. 그리고 드디어 이제 내 카페를 준비하는, 어쩌면 지금까지 살아온 인생 최대의 모험을 시작합니다. 정말 가슴 벅차고 떨리는 순간일 겁니다. 그래서 이 중요한 순간 내가 가진 모든 역량을 총동원하고 아침부터 저녁 때까지 생각에 생각을 더해 카페 구상을 합니다.

우리가 살아가면서 이렇게 아이디어를 내고 어떤 전략을 짜기 위해 내가 가진 사고능력을 총동원해 몰입해야 하는 경우가 흔할까요? 기존에 그런 유형의 직업을 가졌거나 회사에서 그런 업무를 했다면 이미 경험해봤겠지만 그렇지 않은 일반인들은 특별히 그럴 기회가 없었을 겁니다.

일단 내 앞에 카페 창업이라는 일생일대의 거대한 프로젝트 벽이 내 의지로 세워졌으니 어떻게든 넘어야겠지만 몰입해서 전략을 짜고 아이디어를 내는 것은 결코 쉬운 일이 아닙니다. 그런 일을 밥 먹듯이 하는 저희와 같은 마케팅, 광고회사 사람들도 극심한 스트레스와 밤샘 작업을 감수하더라도 훌륭한 아이디어와 전략을 내놓지 못하는 경우가 흔합니다. 처음 해보는 분들이 느끼는 어려움이 큰 것은 당연하겠지요.

아이디어 발상과 생각 정리는 그냥 분위기 좋은 카페에서 커피 한 잔 시켜놓고 이런저런 생각 하다 보면 저절로 나오는 것이 절대로 아닙니다. 그래서 먼저 아이디어 발상과 생각 정리 방법부터 말씀드립니다. 16년 동안 제가 푸드마케팅 회사를 운영하면서 삼성전자, 현대카드, 오뚜기 등 다수의 대기업을 위한 마케팅 전략기획을 할 때 실제로 활용한 방법입니다.

- 장소 선정

첫 번째, 장소 선정에 매우 신중해야 합니다. 내가 내 의지로 정신을 집중해 최선을 다하면 훌륭한 아이디어를 내고 생각도 정리될 거라는 생각보다 그렇게 할 만한 적합한 장소가 있고 그

곳에 가면 아이디어가 저절로 떠오르고 생각도 정리된다고 생각하는 것이 맞습니다.

좋은 장소는 기본적으로 시끄럽지 않고 마음이 안정되고 아무 방해도 받지 않는 곳입니다. 그런데 더 중요한 포인트는 사고력이 극대화되는 '영감이 떠오르는 장소나 순간'입니다. 이것은 사람마다 조금씩 다른데요. 과거 경험을 생각해보면 복잡한 생각이 정리되고 문득 좋은 아이디어가 떠오른 장소가 있을 겁니다. 어떤 분은 집 앞 작은 공원 벤치에서 붕어빵을 먹다가, 어떤 분은 샤워하다가, 어떤 분은 퇴근길 지하철 안에서 떠오릅니다. 각자 다른 경험을 했을 겁니다.

저는 가끔 잠실 석촌호수를 걸으며 생각을 정리하곤 하는데요. 한 바퀴 걸으며 산책하는 데 약 5km, 1시간가량 걸립니다. 감당하기 힘들었던 수많은 위기의 순간에 예상치 못한 아이디어를 주었던 고마운 공간입니다. 하루는 석촌호수에서 산책하다가 '배달의민족' 김봉진 전 대표를 본 적이 있는데요. '아, 저분도 여기 석촌호수를 걸으면서 마음속 복잡한 생각을 정리하는구나!'라고 생각했습니다.

2014년 미국 스탠포드대 연구팀은 걷기가 창의적 영감을 증진하 준다는 보고서를 발표했습니다. 인간은 걸을 때 창의적 사고가 평균 60% 증가한다고 합니다.

도쿄 츠타야 서점의 마스다 무네야키 대표도 『취향을 설계하는 곳, 츠타야』라는 책의 내용을 참고해보면 본인의 기획 방식은 거리를 걷거나 달리는 것이라고 합니다. 거리를 스쳐 지나가는 사람들과 상점 하나하나가 기획의 원천이 되었다고 합니다.

앞에서 저와 몇 분의 경험을 예로 들었지만 제가 드리고 싶은 말씀은 꼭 산책이라는 방법뿐만 아니라 본인이 실제 경험에서 본인만의 영감의 장소를 찾아보라는 것입니다. 개인의 노력으로 만들어낼 수 있는 아이디어에는 한계가 있고 일반적인 수준을 넘지 않는 경우가 대부분입니다. 우리가 가진 역량 수치가 100이라면 우리가 비즈니스를 하기 위해 만들어내야 하는 아이디어는 150이나 200인 경우도 있습니다.

영감의 장소는 내가 애써 아이디어를 짜내는 장소가 아니라 평소 떠올리기 힘들었던 '의외의 탁월한 생각'이라는 선물을 주는 고마운 장소입니다. 그리고 그런 장소는 단 한 번의 선물로 끝내지 않고 꾸준히 내게 선물을 줍니다. 그래서 그런 장소를 반드시 찾아내야 합니다. 찾아내는 유일한 방법은 나의 과거를 회상해 내게 생각 정리와 아이디어를 주었던 장소를 떠올려보거나 여기저기 여러 장소를 직접 체험해보는 것입니다.

동네 작은 카페의 1인석 자리, 놀이터 벤치, 구립도서관 창가 좌석, 집으로 돌아오는 버스 안 어디든 상관없습니다. 어떤 장소를 찾아갔는데 생각이 정리가 안 되고 아이디어가 떠오르지 않는다면 빨리 장소를 바꿔 다른 장소를 찾아보는 것이 좋습니다. 저는 석촌호수 외에도 세 군데가 더 있는데요. 날씨나 시간대에 따라 갈 수 없는 곳도 있어 여러 군데를 찾아두었습니다.

- 생각 기록하기

두 번째, 생각을 기록하는 도구입니다. 방이나 카페에서 노트북을 열고 생각을 기록하는 방식을 저는 추천하지 않습니다. 그동안 회사에서 마케팅 업무를 하면서 저를 포함한 직원들을 임상실험해본 결과, 켜놓은 컴퓨터 앞에서 좋은 아이디어가 나

오기는 무척 어려웠습니다.

거기에는 몇 가지 이유가 있는데요. 컴퓨터를 켜는 순간 인터넷 검색, 뉴스 기사, 카톡 등 수많은 잡동사니 정보가 뜨기 때문입니다. 생각에만 집중하기 쉽지 않습니다. 더 중요한 이유는 손글씨가 활발한 뇌 활동을 자극하기 때문입니다.

일본 메이지대 사이토 다카시 교수는 『메모의 재발견』이라는 책에서 손글씨를 쓰는 행위가 뇌 활성화에 도움을 준다는 사실을 밝혀냈습니다.

사실 저는 신경과학자가 아니어서 이 내용을 과학적 관점에서 신뢰하진 않지만 그동안 저와 직원들의 경험으로 공감하는 내용입니다. 그래서 저는 옛 아날로그 방식으로 펜으로 종이에 직접 쓰는 것을 추천합니다. 오피스 문구점에 가 내 카페를 그려 나갈 감성적인 노트와 펜을 구입하세요. 나중에 카페를 오픈하고 테이블 위에 두면 손님들에게 스토리를 전달하는 소재가 되거나 지쳤을 때 비타민 음료처럼 큰 힘이 되어 줄 겁니다.

- **몰입하는 시간**

　세 번째는 몰입의 시간인 1주일입니다. 저는 회사에서 마케팅 업무를 하면서 마케팅 전략기획 준비 기간으로 보통 2주일을 잡습니다. 제안서를 2주 동안 계속 쓴다는 건 아니고 그중 첫째 주는 아이디어를 찾는 과정이고 둘째 주가 기획서를 작성하는 시간입니다. 첫째 주에는 매일 아이디어를 발굴하고 생각을 정리하는 것이 아닙니다. 보통 4~5일 동안은 절대로 생각나지도 않고 생각이 잘 정리되지도 않습니다. 그러다가 7일째쯤 되면 생각하지도 못한 아이디어가 불쑥 떠오르고 그것이 서로 연관되어 생각이 정리되는 경험을 했습니다.

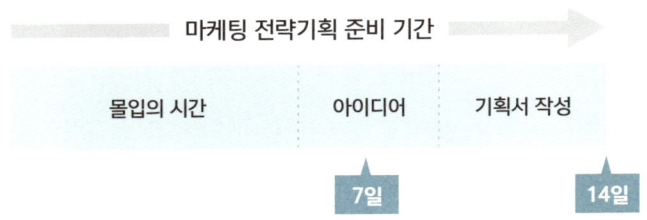

몰입의 시간으로 1주일을 제안하는 것은 그 정도가 적당하고 더 길어지면 집중력이 떨어져 몰입효과가 떨어지기 때문입니다. 좋은 아이디어와 생각 정리는 어느 정도의 긴장과 강박관념이 있어야만 나옵니다. 그리고 좋은 아이디어는 4~5일이 지나야 나오는 경향이 있어 1주일을 제안하는 겁니다. 이 1주일 동안 아침부터 잠들 때까지 내 카페 오픈 전략의 소재들, 즉 아이덴티티, 타깃, 프로덕트만 계속 고민해보세요. 하루 이틀 특별한 생각이 들지 않아도 1주일쯤 지나면 생각이 꼬리에 꼬리를 물고 수면 위로 떠 오를 겁니다.

내 카페 브랜드
설계하기

 하늘의 별을 보며 밤바람을 즐기는 유유자적한 낭만의 시간. 그리고 맛있는 음식을 새로운 사람들과 함께 즐기는 선상 파티의 시간.

 카페는 유람선에 비유할 수 있습니다. 하지만 아쉽게도 여러분은 유람선 갑판이나 레스토랑에 있지 않습니다. 배가 제대로 항해하도록 앉지도 않고 온종일 조타실에 서서 운항 업무를 하는 중입니다. '유람선 일을 왜 시작했지?'라는 후회가 문득 밀려옵니다. 가만히 생각해보니 내가 하고 싶었던 것은 유람선 일이 아니라 유람선에서 즐기는 낭만이었다는 기억이 떠오릅니다. 방향은 맞았지만 잘못 찾아왔다는 허탈감이 살짝 느껴집니다.

'저 동네 모퉁이에 나무 들창을 가진 예쁜 카페 하나 하고 싶다'. 본인이 카페 투어와 커피를 좋아하니 카페를 오픈하고 싶다고 생각하는 분들이 실제로 주변에 많습니다. 물론 우리가 어떤 일을 시작할 때 동기부여는 다양한 요인으로부터 발생하니 나쁘게 생각할 필요는 없지만 문제는 어떤 카페를 어떻게 하고 싶은지 구체적인 계획도 세우지 않고 무조건 오픈만 향해 달려간다는 것입니다. 그리고 계획을 세웠더라도 인테리어에 집중되고 국한된 계획이었다면, 그 인테리어가 실제로 뛰어난 감각을 보여주지 않는다면 내 카페 경쟁력으로 더 이상 내세울 것이 없어집니다. 여러분이 카페 브랜딩을 시작하기 전에 먼저 3가지 키워드를 답해보시길 제안합니다.

카페 브랜딩의 3가지 키워드

박스케이터링

https://boxcatering.co.kr/ | 🅞 boxcatering

기존 케이터링은 견적서를 받기 위해 전화나 이메일로 문의해야 하고 답변 받는 데만 며칠씩 걸리거나 100만 원 미만은 주문도 안 되는 등 불편한 점이 많았습니다. 저희 회사에서 2015년에 처음 선보인 박스케이터링은 모바일에서 쇼핑몰처럼 바로 주문·결제할 수 있고 1인분에 만 원 정도의 가격으로 10인분부터 주문이 가능한 매우 합리적인 가격과 주문방식의 케이터링입니다. 브랜드 인스타그램(@boxcatering)을 보면 콘텐츠는 이런 어반 스타일Urban Style의 합리적인 배송형 케이터링이라는 컨셉을 전달하기 위해 정교하게 연출되어 제작되고 있습니다.

| 브랜드 설계의 3대 원칙

내 카페를 열고 싶다고 생각했을 때 '브랜드'를 만든다는 생각까지는 미처 하지 못하셨을 수도 있습니다. 많은 분이 본인의 카페를 떠올리면 대부분 인테리어적인 이미지부터 떠올리기 때문에 그런 공간을 만들고 싶다는 생각만 계속하는 경우가 많습니다. 인테리어는 공간에 브랜드를 표현한 비주얼적인 결과물입니다. 그러므로 브랜드부터 만들고 나서 인테리어를 기획해야 합니다. 즉, 인테리어를 상상해봤다면 그 상위 개념인 브랜드를 설계해본다고 생각하면 됩니다. 브랜드를 설계할 때 반드시 기억해야 할 원칙들을 하나하나씩 설명하겠습니다.

- 일관성

첫째, 브랜딩은 모든 영역에 똑같이 반영되어야 합니다. 이것을 동기화Synchronization라고 합니다.

카페 브랜딩의 동기화는 홈페이지, 앱, 인스타그램, 카페 공간, 직원 의상, 음악, 메뉴판, 폰트 등 모든 영역에 똑같이 적용되는 것을 의미합니다. 물론 어렵습니다. 그런데 좋은 소식이 하나 있습니다. 어렵기 때문에 대부분의 카페 창업자 분들께서 하지 못하고 있다는 사실입니다. 그래서 본인만 조금 신경을 쓰고 관심만 가지면 완전하진 않지만 어느 정도 브랜딩 동기화를 할 수 있고 그것은 반드시 매출로 보상해준다고 확신합니다.

● 올바른 의사결정

둘째, 디자인, 고객 경험, 마케팅 각 영역에는 정답이라고 말하기에는 좀 과한 표현이지만 어쨌든 모범답안과 같은 원칙들이 있습니다. 이것은 누군가가 정해놓은 규칙은 아니지만 시장에서 고객의 호응이 검증된 사례들을 통해 이러이러하게 했더니 성과가 좋았다는 취합된 '믿을 만한 결괏값' 정도로 이해하면 됩니다. 내 카페를 오픈하려는 사장님이라면 카페 디자인, 고객 경험, 마케팅 영역에서 최소한 이 '믿을 만한 결괏값'을 학습하고 숙지해야 합니다. 앞으로 저는 이 '믿을 만한 결괏값'을 제시하고 그 이유도 함께 고민해볼 것입니다.

인테리어는 인테리어 업체가, 가구는 가구업체가, 커피머신은 커피머신 업체가, 디자인은 프리랜서 디자이너가 해줄 수 있겠지만 '어떻게 할 것인가'라는 방향성은 결국 사장인 내가 정하고 책임져야 합니다. 우리는 대기업 CEO를 보면서 'CEO가 긍정적인 영향이든 부정적인 영향이든 기업의 모든 부분에 영향을 주겠어?'라고 종종 생각합니다. 실무는 실무자들이 하니까요. 하지만 유능한 CEO는 실무에 대해서는 모르더라도 각 업무에 대해 어떻게 진행되어야 좋은 성과가 나올지 그 올바른 방향은 알고 있습니다. 그것이 CEO가 엄청나게 많은 안건에 대해 올바른 의사결정을 신속히 내리는 비결입니다.

내 카페의 CEO는 '나' 자신입니다. 따라서 CEO로서 올바른 결정을 내리기 위해 카페 디자인, 고객 경험, 마키팅에 대해 상세히 모르더라도 올바른 방향에 대한 확신만큼은 있어야 합니다. 그래서 다음 챕터부터는 영역별로 꼭 알아둬야 할 올바른 방향을 제시하겠습니다. 물론 제가 제시하는 것이 불변의 정답일 리 없고 트렌드가 변함에 따라 역시 변할 것입니다. 하지만 저도 나름 국내외 많은 자료와 카페 인터뷰, 그리고 업무 경험을 바탕으로 제시하는 것이니 참고하시면 반드시 도움이 될 겁니다.

- 적임자 활용하기

　셋째, 디자인, 고객 경험, 마케팅은 이미 많은 대행업체와 전문 프리랜서가 존재합니다. 저희 회사는 꽤 많은 영상제작을 하고 있습니다. 기존에는 영상제작자를 채용해 사내에서 제작했습니다. 그런데 아이러니하게도 유능한 영상제작자들은 회사를 다니지 않고 따로 독립해 프리랜서 감독으로 돈을 법니다. 영상제작자를 채용해 역량이 커지면 독립을 꾀하고 현실적으로 프리랜서 감독들이 사내에서 일하는 직원들(회사에서는 '인하우스'라고 부릅니다)보다 필드 경험도 많고 실력도 높다 보니 이제 저희 회사는 영상감독을 더 이상 채용하지 않고 있습니다.

　어찌 보면 향후 경쟁력은 '내가 모든 것을 디테일하게 알고 할 수 있다'가 아니라 '외부에서 최적의 능력자를 발굴해 내 팀원처럼 일하게 할 수 있다'라고 봐야 할 것 같습니다. 더욱이 생성형 AI가 등장하면서 내가 원하는 것들, 예를 들어 이미지, 동영상, 레시피, 웹사이트를 내가 원하는 저비용 고퀄리티로 신속히 제작하는 것이 경쟁력이 될 것으로 예상합니다.

카페 사장은 최적의 능력자를 찾아내는 방법과 그 사람이나 그 회사에게 업무를 정확히 시키는 법을 알고 있어야 합니다. 나아가 생성형 AI를 카페 운영에 어떻게 활용할지 알고 있다면 비용절감도 가능합니다. 이 책에서 이 부분을 더 구체적으로 설명하겠습니다. 물론 실습까지 해본다면 좋겠지만 방법론만 알고 있어도 큰 도움이 될 겁니다.

Q-Card

| Q-CARD로 기획해보는 카페 브랜드

내 카페의 브랜드를 3가지 측면에서 깊이 고민해보고 정의를 내려보겠습니다. 아이덴티티, 타깃, 프로덕트입니다. 우리는 방향을 찾지 못할 때 흔히 '기본으로 돌아가라 Back to the Basic'라고 합니다. 카페 창업 준비 단계에서 자칫 부동산 상권과 인테리어, 메뉴개발에만 빠져 정작 내게 적합하고 내가 하고 싶은 카페의 방향성은 잃어버리기 쉽습니다. 심지어 가장 중요한 카페의 아이덴티티는 생각조차 못한 상태에서 오픈하는 카페도 많습니다. 아이덴티티, 타깃, 프로덕트 3가지에 대한 지극히 기본적이고 단순한 질문들부터 시작해 하나씩 벽돌 쌓듯 답변들을 쌓아가면서 본인의 카페 브랜드를 완성하시기 바랍니다.

그 질문의 도구로 Q-Card Question-Card를 활용하려고 합니다. Q-Card는 모바일로 된 디지털 카드 형식으로 질문을 하나씩 보면서 답하는 방식이지만 본 책에서는 질문 리스트를 보여드리고 답을 한 번 적어보겠습니다.

- 아이덴티티

　브랜드 아이덴티티는 어떤 브랜드가 가진 정체성을 말합니다. 고객이 기억하는 우리 상품의 이미지라고도 할 수 있고 고객이 우리 상품을 좋아하는 이유라고도 할 수 있습니다. 아이덴티티가 매력적이면서 유니크할수록 팬덤이 생기고 카페는 고정적인 단골손님층도 두터워집니다. 앞 장에서 카페 사장으로서 '나'를 관찰하면서 내가 가진 스토리, 인·적성, 역량을 관찰해봤습니다.

　개인 카페의 경우, 이 항목들은 카페의 아이덴티티를 결정하는 중요한 요소입니다. 따라서 카페의 아이덴티티를 정할 때 '나'에 대한 결괏값에 반드시 근거해야 합니다. 단순히 내가 꿈꾸는 모습의 카페가 아니라 내가 가진 스토리, 인·적성 그리고 역량의 바탕 위에서 차별화된 아이덴티티를 발굴하는 것이 목표입니다.

　다음과 같은 아이덴티티 Q-Card를 곰곰이 생각해보고 응답해 봅니다. 응답은 머리로만 생각하지 말고 포스트잇에 적어 붙여보고 교체도 해보는 것이 효과적입니다.

Q-Card   내 카페의 아이덴티티

Q-1 내 카페를 생각하면 떠오르는 장면은 어떤 장면인가요?

Q-2 그 장면에 깔리는 BGM은 어떤 음악(노래)인가요?

Q-3 내 카페를 표현하는 단어는 어떤 단어들인가요?(6가지 이상)

Q-4 사람들은 내 카페를 어떤 카페로 기억할까요?

Q-5 그것이 다른 카페들과 차별화된 명확한 이유는 무엇인가요?

Q-6 고객들은 그 차별점을 카페의 어떤 부분에서 느낄 수 있을까요?

- 타깃

"카페에 특정 타깃이 의미가 있나요? 사실 카페라는 공간은 이 손님 저 손님 다 들어오는 곳이잖아요?" 우리 동네에 카페가 딱 한 군데라면 맞는 말입니다. 문제는 카페가 많아지다 보니 다른 카페들과 타깃이 같으면 고객 수가 계속 분할되어 줄어든다는 것입니다.

우리 카페를 선호하는 고객을 처음부터 설정해두고 카페 브랜딩을 시작하고 실제로 인테리어, 메뉴개발까지 이어나간다면 그 타깃 고객들에게만큼은 다른 카페들보다 매우 매력적인 카페가 될 것입니다. 카페의 타깃은 인구통계학적으로 연령별, 성별, 직업별로 나눌 수 있습니다. 더 세밀히 라이프스타일로 보면 소비성향, 카페 이용 방법, 카페를 방문하는 동행자 수, 고객의 성격과 취향으로 나눌 수 있습니다.

인구통계학적 타깃은 소상공인시장진흥공단에서 제공하는 상권정보 서비스에 들어가면 내가 원하는 주소의 특정 거리 내 인구분석을 통해 확인할 수 있습니다.
_ 소상공인시장진흥공단 상권정보 서비스

http://sg.sbiz.or.kr

타깃을 유추해보는 가장 좋은 방법은 고객의 페르소나Persona를 만들어보는 것입니다. 페르소나란 매우 구체적인 가상 인물이라고 보면 됩니다. 예를 들어,

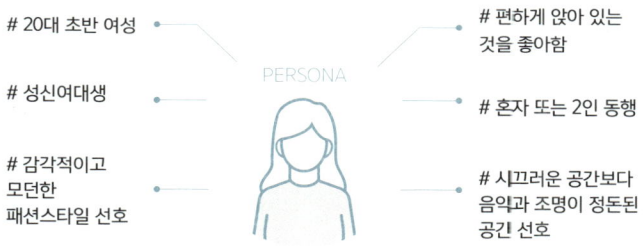

위와 같은 페르소나가 고객으로 설정되어 만들어진 카페가 성신여대입구역 카페 '루틴'입니다. 루틴은 오픈한 이후로 주변에 수많은 카페가 새로 생기고 사라지는 동안에도 벌써 5년째 운영 중입니다. 카페 '루틴'의 타깃 고객들이 이미 팬덤을 이루고 있기 때문입니다.

쉽진 않겠지만 내 카페에 주로 어떤 손님이 찾아올지, 그래서 내 카페는 어떤 고객을 주 대상으로 오픈 준비를 해야 할지 고민해볼 필요가 있습니다.

Q-Card   내 카페의 타깃

Q-1 내 카페가 위치한 곳은 어떤 지역적 특징이 있나요?

Q-2 카페를 이용할 가능성이 있는 고객들은 어떤 사람들인가요?

Q-3 그중 우리 카페를 자주 찾아올 고객은 인구통계학적으로
　　　어떤 특징이 있나요?(연령별, 성별, 직업별)

Q-4 우리 카페를 자주 찾아올 고객은 라이프스타일 측면에서 어떤
　　　특징이 있나요?(소비성향, 카페 이용 방법, 카페를 방문하는 동행자 수, 성격, 취향)

Q-5 그 고객들은 카페에서 얼마 정도 지출할까요?

Q-6 그 고객들은 카페에서 언제 만족을 느낀다고 할까요?

- 프로덕트

카페의 프로덕트에는 음료, 음식, 굿즈, 원두 등 여러 가지가 있지만 여기서는 커피와 디저트 2가지만 심플하게 고민해보겠습니다. 그런데 사실 고민이 필요할까요? 커피든 디저트든 그냥 가장 맛있고 다양하게 만들면 되는 것 아닐까요?

카페를 많이 다녀 본 분은 알겠지만 대부분 카페는 모든 메뉴에 총력을 기울일 수 없습니다. 커피 퀄리티가 꽤 높다고 생각되는 곳은 디저트가 평범한 편이고 디저트 수준이 상당히 높다고 인정받는 카페는 커피 퀄리티가 디저트만큼 높지 않은 경우가 대부분입니다. 물론 커피와 디저트 둘 다 상당한 수준으로 제공하는 카페도 있습니다. 제가 프로젝트를 진행한 카페 중에서 둘 다 매우 높은 수준으로 제공하는 카페들은 몇 가지 유형이 있었습니다.

첫 번째는 커피와 디저트를 사장님 두 분이 나눠 전문적으로 담당하는 경우입니다. 성수동에서 '소금빵×붕어빵'으로 오픈런 하고 있는 카페 '차일디쉬'의 경우, 커피와 디저트를 사장님 두 분이 나눠 담당하고 있습니다.

카페 차일디쉬   서울특별시 성동구 연무장길 114 2층 | chd.bakery

아이레 커피   서울특별시 중구 서소문로11길 19 A동 LL층 12호 | aire_coffee

두 번째는 사장님은 커피에만 전념하고 디저트는 전담 직원인 파티셰가 담당하는 경우입니다. 물론 실력과 열정이 있는 사람이 파티셰로 채용된다는 전제로 말입니다.

연신내에 있는 'YM커피 프로젝트'나 시청역 근처 '아이레 커피'에 가서 디저트를 맛보면 그곳 커피만큼 깜짝 놀랄 만한 맛 퀄리티를 느낄 수 있는데요. 직원인 파티셰가 메뉴개발과 생산을 전담하고 있습니다. 그런데 1인 카페로 창업하면 모든 메뉴에 열정을 쏟는 것이 현실적으로 불가능하다는 것을 알게 될 겁니다. 오픈 전에 모든 메뉴 학습에 투자할 시간이 부족할 뿐만 아니라 디저트를 보통 오픈 전이나 마감 후에 제조하게 될 겁니다.

1인 카페인 경우, 근무 시간이 하루 12시간을 초과하는 경우도 생길 수 있습니다. 체력적인 부담으로 신메뉴 개발이나 맛을 개선하겠다는 의지를 유지하기 상당히 힘들 수 있습니다. 따라서 나중에는 매출에 따라 방안을 찾아 개선할 수 있겠지만 오픈을 준비하는 시기에는 메뉴를 선택하여 집중해서 준비하는 것이 바람직하다고 생각합니다.

먼저 커피의 경우, 어느 정도 수준의 맛을 구현할 것인지,

에스프레소 머신 외에 드립커피를 서비스할 것인지, 로스팅도 직접 할 것인지 고민해봐야 합니다. 우리는 커피 맛이 정말 훌륭한 많은 카페를 가벼운 마음으로 다녀오곤 했습니다. 하지만 사실 우리가 마셨던 그 훌륭한 커피들은 결코 가벼운 마음으로 만든 커피들이 아닙니다. 내가 가본 핫플 카페 수준으로 커피 맛 수준을 구현하려면 상당한 시간과 비용 투자가 필요합니다.

커피 학습이 필요한 분은 실력이 뛰어난 오너 바리스타를 찾아 과외를 받길 추천합니다. 여기에 개인 연습까지 더해지면 한두 달이 아니라 6개월, 심지어 1년까지 걸릴 수도 있습니다. 그러므로 카페 오픈 전에 본인의 역량을 체크하고 충분한 준비 시간을 가져야 합니다. 많은 시간과 비용을 커피를 배우는 데 투자할 생각이 별로 없고 본인이 구상하는 카페에서 커피의 목표 퀄리티가 별로 높지 않다면 현실적인 수준의 맛을 목표로 정해 그에 맞는 사전학습과 적당한 머신(에스프레소 머신, 그라인더)을 구매해야 합니다. 카페인데 커피 맛을 대충 해도 되겠다는 뜻이 아니라 커피 맛을 구현하는 데 들일 수 있는 현실적인 시간과 비용, 본인의 학습능력을 냉정히 판단해 커피 맛 수준과 목표를 정하자는 말입니다. 물론 커피가 평범한 수준이라면 본인 카페의 다른 경쟁력을 반드시 계획해야 합니다.

디저트의 경우, 메뉴의 종류를 최소화해 최대한 맛있게 만드는 것이 좋습니다. 즉, 선택과 집중입니다. 1가지 메뉴만 운영하는 것도 나쁘지 않습니다. 메뉴 수를 줄여 식재료의 빠른 회전과 제조 공정의 단순화를 꾀합니다. 보통 고객들은 맛집 카페를 기억하거나 지인에게 소개할 때 1가지 메뉴로 말하는 경향이 있습니다. '치바케(치즈 바스크 케이크)가 맛있는 집이래.' '버터바가 시그니처야.'

원래 맛집은 1가지 메뉴로 유명합니다. 그러니 과욕을 버리고 디저트를 단순화해야 합니다. 디저트에 도무지 자신과 소질이 없다면 본인은 커피와 음료에만 집중하고 디저트는 납품을 받거나 프리랜서 파티셰를 채용하면 됩니다. 디저트 생산에 특별한 재주나 열정이 없는데도 디저트를 직접 제조하는 데 많은 시간이 들어가고 있다면 그렇게라도 의미 있는 디저트 매출이 나온다면 다행이지만 그렇지 않다면 사장님의 후식 시간이나 커피 연구 시간을 늘리는 게 낫다고 생각합니다. 고객에게 제공할 내 카페의 커피와 디저트에 대해 깊게 고민해 보시기 바랍니다.

Q-Card 내 카페의 프로덕트

Q-1 내 카페에서 제공하고 싶은 커피는 어떤 커피인가요?

Q-2 커피 퀄리티는 어느 수준인가요?

Q-3 가격은 얼마인가요?

Q-4 내 카페의 커피는 다른 카페의 커피와 어떤 차이가 있나요?

Q-5 그 차이는 왜 생길까요?

Q-6 그런 커피를 제공하려면 학습시간이 얼마나 필요한가요?

Q-7 내가 예상하는 에스프레소 머신의 모델이나 가격대는 어떻게 되나요?

Q-8 내 카페에서 제공하고 싶은 디저트는 무엇인가요?

Q-9 그 디저트를 왜 제공하려고 하나요?

Q-10 내 카페의 디저트는 다른 카페의 디저트와 어떤 차이가 있나요?

Q-11 그런 디저트를 제공하려면 학습시간이 얼마나 필요한가요?

무드보드

| 브랜딩의 시각화: 무드보드

카페 오픈을 준비하는 여러분은 카페 계획이 이미지로 저장되어 있을 겁니다. 우리는 어떤 일을 준비할 때 이미지로 떠올리기 때문인데요. 여행계획을 세울 때도 현지 여행지의 수영장이나 공항 이미지를 떠올리며 계획을 세우기 마련입니다. 카페 브랜딩에서도 내 머릿속의 수많은 계획을 이미지화 Visualization 하는 것이 전략기획 과정에서 매우 중요합니다. 이를 바탕으로 내 카페의 최종 브랜드를 확정하기 때문입니다.

이렇게 브랜딩 전략의 사고들이 이미지화된 것을 기업에서는 '브랜딩 무드보드 Branding Mood Board'라고 부릅니다. 예시한 무드보드는 좋은 음악이 선곡되는 앤티크한 스타일의 카페 브랜딩을 위해 준비한 브랜딩 무드보드입니다. 카페라고 꼭 카페 관련 이미지로만 무드보드를 만드는 것이 아니라 브랜딩과 연관되어 떠오르는 다양하고 자유로운 이미지로 구성합니다. 인테리어용 무드보드는 별도로 제작하지만 브랜딩 무드보드에 인테리어 요소가 일부 포함되어도 상관없습니다.

앞에서 우리는 카페 사장으로서 나 자신을 관찰하고 내가 오픈할 카페의 아이덴티티, 타깃, 프로덕트 질문들에 답하며 점점 구체화해가는 과정을 진행했습니다. 앞으로 중요한 것은 내 카페에 대한 생각을 정리한 텍스트를 이미지화해 다른 관점에서 검토해보고 더 구체화하는 것입니다. 그것이 무드보드로 이미지화해 표현해보는 이유입니다.

브랜딩 무드보드와 관련해 꼭 필요한 4가지를 말씀드리겠습니다.

첫 번째, 무드보드에 부착할 이미지들은 앞에서 설명한 아이디어 발상과 생각 정리를 위한 '몰입'을 통해 발굴해야 합니다. 무드보드는 내 머릿속에 정리되어 형상화된 것들을 이미지화하기 위해 만든 것입니다. 정리된 내용이 없는 상태에서 여러 이미지를 그냥 보면서 그때그때 마음에 드는 카페 사진이나 인테리어 사진들을 찾다 보면 본인이 원하는 카페가 어떤 것인지 불분명해지는 사태가 발생합니다. 따라서 먼저 몰입해 본인 카페의 구체적인 아이덴티티부터 정하고 나서 그것을 표현할 적절한 이미지를 찾습니다.

두 번째, 브랜딩 무드보드는 디테일한 이미지들을 수집하는 것이 좋습니다. 내 카페를 떠올릴 때 생각나는 구체적인 것들 말입니다. 그렇다고 커피머신처럼 꼭 카페와 직접 연관된 것들이 아니라 앞에서 내 카페의 아이덴티티, 타깃, 프로덕트 분석을 통해 구체화된 내 카페를 표현할 수 있는 연관 이미지라면 뭐든지 상관없습니다.

다만, 인테리어 소재가 과하게 들어가면 브랜딩보다 인테리어 무드보드가 될 수 있으니 직접적인 인테리어 소재나 디자인은 과하지 않게 포함시킵니다. 예를 들어, 빨간색 찻잔, 푹신한 소파, 코발트블루 색의 하늘, 손으로 쓴 영수증, 원목 책장, 혼자 책을 읽고 있는 직장여성, 군고구마 등 내 머릿속의 어떤 이미지라도 좋습니다. 내 카페를 떠올릴 때 생각나는 느낌들을 매우 구체적으로 이미지로 찾아 보드에 부착하면 됩니다.

세 번째, 무드보드에 필요한 이미지들은 검색 조건을 구체적으로 작성하면 네이버, 구글, 핀터레스트에서 대부분 찾을 수 있습니다. 더욱이 최근 이슈가 되는 생성형 AI 이미지 제작 서비스를 활용하면 내가 생각한 이미지를 직접 만들 수 있습니다.

다만, 찾아낸 이미지들을 상업적, 개인적으로 이용하면 저작권 문제가 발생할 소지가 있으니 이미지 선택에는 확인이 필요합니다. 그러므로 개인적, 상업적 활용 둘 다 가능한 무료 이미지 사이트를 활용하는 것이 좋습니다.

구분		설명
구글	google.com	개인적, 상업적 사용에 저작권 확인 필요
핀터레스트	pinterest.co.kr	
언스플래시	unsplash.com	개인적, 상업적 사용 가능(무료/유료)
파이어플라이	firefly.adobe.com	AI 생성 이미지 서비스

※ 해당 사이트의 정책에 따라 변동될 수 있습니다.

네 번째, 무드보드는 카페 브랜딩 작업을 하면서 계속 참고하고 수정해야 하는 경우가 많습니다. 그리고 인테리어 회사와 같은 외부업체와 함께 보면서 협의해야 하는 경우도 있으니 큰 폼보드로 만들어 잘 보이는 곳에 세워 두는 것이 좋습니다.

내 카페의 아이덴티티를 이미지로 보여주는 무드보드를 제작했다면 이제 구체적인 카페 브랜딩이 시작된 것입니다. 직접 만든 내 카페의 브랜딩 무드보드를 보신다면 카페 창업을 제대로 준비해서 꼭 성공하고 싶은 열정을 느끼시게 될 겁니다.

| 브랜드를 글로 정의하라

저는 도쿄에 갈 때마다 다이칸야마의 츠타야 서점을 방문하는데 갈 때마다 '서점이 어떻게 이럴 수 있지?'라며 놀라곤 합니다. 츠타야 서점 각 섹션의 책 진열은 해당 섹션의 관련 경력자들이 한다는 것을 나중에 책을 보고 알게 되었습니다. 요리 섹션 책 진열은 실제로 요리 일을 했던 분이 하는 식입니다. 어쩐지 레시피 책을 보고 있으면 바로 옆에 메뉴 포장디자인 책이 있었습니다. 우리나라 서점에서는 포장디자인 책이 보통 디자인 섹션에 있지요. 늘 대단하다고 생각하는 츠타야 서점의 마스다 무네아키 대표의 저서 『취향을 설계하는 곳, 츠타야』에서 그는 츠타야 서점을 운영하는 회사 CCC를 서점 회사가 아닌 기획사로 정의하고 있습니다. 이 회사가 하는 일들을 보면 실제로 기획사가 맞는 것 같습니다.

츠타야 2층을 개조해 만든 쉐어 라운지 Share Lounge 는 예약석 공유 오피스로 보면 되는데 한국의 공유 오피스와는 컨셉부터 다릅니다. 츠타야 서점에 입점한 스타벅스를 카페라기보다 서점

츠타야 쉐어 라운지 © CCC カルチュア・コンビニエンス・クラブ株式会社

일부로 생각하듯이 쉐어 라운지는 공유 오피스라기보다 츠타야 서점의 아름다운 공간과 책장이 배경인 개인 지정석이라고 보는 것이 맞을 것 같습니다. 설레지 않으신가요? 여러분의 개인 지정석이 이 멋진 서점 안에 있다는 것이.

우리가 뭔가의 정의Definition를 내릴 때 그 가치가 더 빛나는 경우가 많습니다.
'나는 신입사원의 목소리까지 유심히 귀 기울여 듣는 팀장이다.'
'우리 모임은 책을 읽고 토론을 통해 서로 성장하는 모임이다.'
위와 같은 정의를 내릴 때 가치를 찾을 수 있고 함께하는 사람들에게 의미를 부여합니다. 또한, 정의를 내림으로써 현재의 역할이나 목표를 더 명확히 알 수 있고 '앞으로 이런 모습으로 발전하겠구나!'라고 예상할 수 있게 됩니다.

내 카페의 브랜드에 대해서도 정의를 내릴 필요가 있습니다. 브랜드 정의는 브랜드 서술문Brand Statement이라고 부르며 명확한 정의를 담기 위해 한 문장으로 표현합니다. 즉, 내 카페가 어떤 카페인지 한 문장으로 표현할 수 있다면 좋겠다는 취지입니다. 물론 기업이 자사 상품을 한 문장으로 정리하는 것과 실제로 고객들이 그 상품을 좋아하는 이유에는 차이가 있을 수 있습니다.
카페도 마찬가지로 사장님이 '내 카페는 ㅁㅁ카페다'라고 정의를 내리더라도 고객이 찾는 이유는 다를 수 있습니다. 그럼에도 내 카페의 정의를 내려야 하는 이유는 내 카페는 아직 무명無名이기 때문입니다.

내 카페가 어떤 이유로 고객에게 충분히 인지되어 있다면 그 이유가 브랜드 아이덴티티가 되겠지만 고객이 아직 기억하지 못하는, 출발선에 서 있는 신생 카페는 내가 명확한 아이덴티티를 정하지 않으면 당연히 고객은 알기 어렵습니다. 고객뿐만 아니라 함께 일할 직원들, 심지어 사장님도 자신의 카페가 어떤 카페인지, 어떤 비전을 갖고 나아가야 하는지 모른 채 운영하다 보면 아무 아이덴티티도 없는 공간이 되고 말 것이고 매출에 문제가 생겨도 어떻게 개선해야 할지 방향도 잡을 수 없게 될 겁니다. 따라서 명확한 정의는 나중에 바꾸더라도 반드시 오픈 전에 내려야 합니다.

카페 브랜드를 정의하기 위해서는 먼저 무드보드에서 수집된 이미지들을 바탕으로 내 카페를 표현하는 키워드부터 정해야 합니다. 앞에서 만들었던 무드보드 이미지들을 유심히 살펴보면서 연관 키워드들을 포스트잇에 적어 붙입니다.

키워드는 몇 개든 상관없습니다. 무드보드를 보면서 머릿속에 떠오르는 단어들을 포스트잇에 적은 후 붙여 나열합니다. 단어는 한글, 영어 둘 다 무방하며 형용사나 명사로 정하는 것이 좋지만 동사나 문장형으로 정해도 됩니다. 굳이 멋진 단어를 생각할 필요는 없습니다. 단어를 찾는 데 너무 고민하면 미사여구만 찾아내 카페와 직접적인 연관도 없는 단어들을 쓰거나 너무 포괄적인 단어가 정해져 이해하기 어려울 수 있기 때문입니다. 너무 당연한 키워드는 의미 없는 단어가 될 수 있습니다.

키워드는 매우 구체적이고 내 카페와 직접적인 연관이 있어야 하고 카페를 운영할 때 방향을 잡아주는 지표가 되어야 합니다. 선정된 키워드에 대해 카페의 어떤 특징과 연관이 있는지 본인이 설명할 수 있어야 합니다.

예를 들어, 한 초등학교 교실에서 3가지 키워드를 특정해 학생을 찾는다면 '귀여운, 밝은, 놀기 좋아하는'이라는 키워드로는 찾기 불가능할 것입니다. 너무나 공통적이고 당연한 단어들이기 때문입니다. 그 대신 '탁구를 잘 치는, 영어 발음이 좋은, 안경이 잘 어울리는'이라는 3가지 키워드로 학생을 특정해 찾는다면 가능할 것입니다. 다른 학생들과의 분명한 차별성이 있기 때문입니다. 브랜드 정의를 위한 키워드를 예시하겠습니다.

모던	시크	미니멀	코지	비비드	레트로	스피디
내추럴	클래식	홈스타일	패셔너블	자연친화	안락한	학구적인
개방적인	밀폐적인	고요한	화사한	스페셜리스트	목가적	시티팝

자유롭게 도출한 내 카페의 연관 키워드는 몇 개든 상관없습니다. 정작 중요한 것은 키워드를 떼어내는 일입니다. 아이덴티티에 모든 키워드를 담는 것은 불가능하므로 내 카페의 브랜드를 가장 적절히 표현해주는 대표 키워드 세 개를 정합니다. 연관된 키워드들이 생각보다 꽤 많을 텐데 대부분의 키워드를 버리고 딱 세 개만 정하기는 정말 어렵습니다. 처음에 말했듯이 브랜딩은 내 카페를 고객들에게 기억시키는 전략적 업무입니다. 따라서 고객이 기억할 수 있는 우리 카페의 브랜딩 키워드를 최소

한으로 정해 세 개로 축약하자는 것입니다.

'포스트잇에 적은 여러 키워드 중에서 세 개만 골라 집중합니다.'

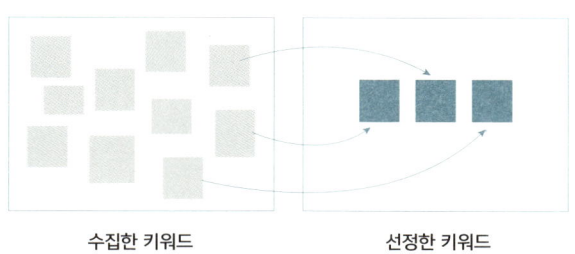

수집한 키워드   선정한 키워드

앞에서 고민해 정리한 내용을 바탕으로 이제 내 카페의 정의를 담은 브랜드 서술문을 작성해봅니다. 브랜드 서술문은 면접 자리에서 "저는 ㅁㅁㅁ한 사람입니다. 그러니 꼭 합격시켜 주십시오."와 같이 자신의 차별성, 우수성, 아이덴티티를 정리해 짧게 표현한 매우 중요한 문장입니다. 그래서 깊이 고민하고 여러 번 검토해 완성해야 합니다.

브랜드 서술문을 작성할 때 꼭 기억해야 할 점은 브랜드 서술문에 우리 카페의 차별성과 우수성이 명확히 담겨야 한다는 것입니다. 이 문장은 앞으로 펼쳐질 카페 오픈을 위한 인테리어, 메뉴개발, 마케팅, 채용까지 모든 것에 영향을 미치는 기준 문장이 됩니다. 다음 브랜드 서술문의 기본 양식에 맞춰 내 카페의 정의를 작성해봅시다.

Brand Statement(브랜드 서술문) 양식

_____ 는(은)

_____ 을 주고객으로 하며

_____ 는 차별성을 갖고

_____ 을 판매하는

_____ 의 아이덴티티를 가진 카페다.

내 카페가 가지게 될 아이덴티티가 정해지면 갑자기 머리가 맑아지는 느낌이 들 겁니다. 그것을 기준으로 심플하게 매장 입지, 인테리어, 메뉴개발, 커피머신 구매 등을 진행하면 되기 때문입니다. 뭔가 매우 클리어해지는 느낌이 들 겁니다. 거기에 브랜딩 무드보드까지 있으니 막연했던 내 카페의 모습이 희미하게나마 조금씩 형태를 갖춰가는 것 같습니다.

이제 중요한 것은 브랜딩을 어떤 방식으로 전개해 나가느냐입니다. 내 카페의 아이덴티티를 아무리 명확히 수립했더라도 사실 브랜딩은 실무적인 부분이므로 자칫 엉뚱한 방향으로 진행되거나 예상보다 시간이 오래 걸려 급한 마음에 적당한 선에서 의사결정을 내릴 우려도 있습니다.

카페 브랜딩을 3가지 영역에서 전개하려고 합니다. 디자인, 고객 경험, 마케팅입니다. 본인의 카페 오픈을 준비하는 사장으로서 브랜딩이 전개될 이 3가지 영역에 대한 매우 디테일한 지식과 기술을 갖춘다면 더없이 좋겠지만 현실적으로 쉽지 않을 것이고 각 분야를 전문적으로 해주는 외주 업체와 프리랜서가 많이 있으니 실무지식과 기술은 그들의 능력을 활용해도 좋습니다. 다만, 카페 사장으로서 올바른 의사결정을 내리기 위해 일정 수준 이상의 학습은 반드시 필요하다고 하겠습니다.

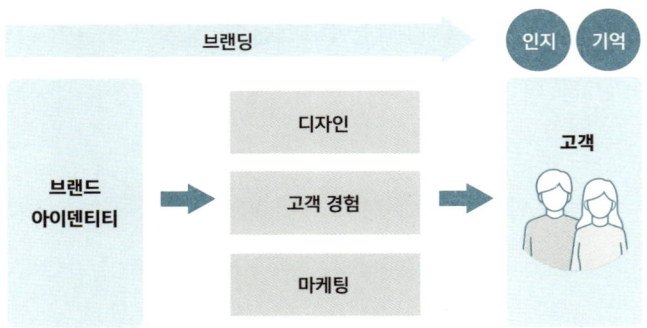

02

카페 브랜딩의 제1요소: 디자인

카페는 인테리어뿐만 아니라 수많은 디자인 소재들이 모여 고객이 브랜딩을 인지하게 해주고 심미적인 만족감을 느끼게 해줍니다. 그런 방향을 원했든 원치 않았든 카페라는 공간은 사장인 나의 의지와 상관없이 고객이 높은 수준의 디자인적 완성도를 기대케 하는 공간입니다. 카페는 디자인 관여도가 매우 높은 공간이므로 오픈 전에 완성되는 인테리어 외에도 디자인적 소재들을 꾸준히 만들고 업데이트하는 업무가 필요합니다.

작은 기업인 카페에 디자인 총괄 책임자를 별도로 두는 것은 사실상 불가능할 테니 결국 그 역할은 카페 사장 본인이 담당해야 합니다. 그래서 카페 사장에게 실무적인 디자인 제작 역량이 있다면 더없이 좋겠지만 그렇지 못해도 디자인을 보는 안목과 특히 기본적인 이해가 반드시 필요합니다. 그렇다고 디자인을 학문적으로 접근해 깊은 지식을 쌓으라는 말은 아닙니다. 우리는 아티스트로서가 아니라 사업자로서 카페를 운영하려는 것이고 그 사업체의 사장으로서 당연히 가져야 할 어느 정도의 디자인적 이해와 지식, 무엇보다 안목을 가져야 한다는 뜻입니다.

디자인 안목

6천만 원짜리 인테리어 디자인을 단돈 600원이나 단 6초의 '귀차니즘' 때문에 망칠 수 있습니다. 이유야 있겠지요. 어쨌든 디자인에 대한 카페 사장의 안목이 높지 않으면 디자인을 해치는 행동이 본인에게서 반복적으로 발생할 수 있습니다. 디자인이 뛰어난 카페에서 일하는 사장이 아니라 우수한 디자인적 안목을 가진 사장이 꼭 되어야 합니다.

카페 사장은 카페 오픈을 준비하고 운영하면서 다양한 의사결정을 내리게 됩니다. 특히 오픈 준비를 하면서 디자인과 관련

된 수많은 의사결정을 내리므로 디자인을 바라보는 카페 사장의 눈, 즉 대중이 봤을 때 호감을 갖는 디자인과 그렇지 못한 것을 구분하는 능력이 매우 중요합니다.

저는 16년 이상 삼성전자, 현대카드, 오뚜기에서 디지털 콘텐츠를 제작하고 공간을 만들고 운영하는 업무를 해왔는데요. 디자인과 관련해 저는 이 말을 좋아하지 않습니다.

'디자인은 각자의 취향이 다를 수 있다'

네, 각자의 취향은 다를 수 있습니다. 당연히 취향을 존중합니다. 그러나 디자인 퀄리티의 높고 낮음은 분명히 있습니다. 위의 말이 퀄리티 차이를 취향 차이로 덮으려는 의도로 쓰이는 것에 반대한다는 뜻입니다. 누군가는 레트로한 디자인을 좋아하는 반면, 누군가는 모던한 디자인을 좋아하듯이 각자 취향은 다르겠지만 레트로한 디자인 안에서도 퀄리티 수준의 높고 낮음은 분명히 존재합니다. 디자인적 안목이 높지 않은 사장이 카페를 오픈하면서 자기 취향대로 디자인을 진행하겠다는 것은 매우 위험한 발상입니다.

카페를 오픈하고 나서 지인분들이 예쁘다고 말하는 칭찬이 쏟아지는 시기가 지나면 대중의 냉정한 평가가 쏟아집니다. 디자인이 뛰어나다고 대중이 말하는 것은 일반 대중의 눈높이 수준이 아니라 더 높은 수준을 기대하는 것입니다. 사장 본인의 디자인적 안목이 대중의 수준, 심지어 그보다 낮다면 본인의 디자인 취향대로 꾸민 카페는 상업적 의미에서 목적을 달성하지 못하는 공간이 될 가능성이 큽니다.

카페의 인테리어 디자인을 준비하고 시공하는 단계에서뿐만 아니라 카페를 오픈한 후 저지르는 잘못된 행동은 때때로 치명적일 수 있습니다. 공간을 아무리 예쁘게 잘 만들었더라도 공간을 구성하는 컬러와 맞지 않는 컬러를 가진 기물들을 들여 놓거나 통일되지 않은 폰트로 된 인쇄물들을 붙이는 등의 카페 사장의 행동 패턴이 반복된다면 그 공간의 디자인 퀄리티가 급속히 무너지는 사태가 발생합니다.

| 디자인의 기본은 통일성

우수한 디자인은 기본적으로 통일성과 의외성을 동시에 가집니다. 특히 통일성은 브랜딩을 위한 디자인에서 매우 중요합니다. 브랜드를 고객에게 각인시키는 과정에서 통일된 디자인적 요소를 고객에게 꾸준히 보여줘야 하기 때문입니다. 그중에서 통일성이 꼭 필요한 대표적인 2가지 디자인 요소를 생각해봅시다.

통일된 폰트(font) + 통일된 컬러(color) = 일관된 브랜드 아이덴티티 구축

첫 번째는 폰트입니다. 글자를 디자인으로 생각하지 않는 사람들이 많습니다. '디자인' 하면 일반적으로 이미지를 떠올리기 때문인데요. 하지만 삼성전자, 배달의민족, 현대카드와 같이 디자인을 중시하는 브랜드들은 모두 자기 브랜드만의 폰트를 가지고 있을 만큼 폰트는 디자인을 구성하는 매우 중요한 요소입니다.

카페에서 간판, 메뉴판, 신메뉴 포스터, 카페 내 각종 안내게시물(와이파이, 화장실, 결제안내, 주차안내)에 사용되는 모든 종류의 폰트는 통일되어야 합니다. 물론 경우에 따라 의외의 폰트가 사용되어 더 다채로운 디자인을 보여주는 경우도 있지만 통일된 폰트는 가장 기본적인 디자인 규정입니다. 그러니 카페 오픈 전 브랜딩 설계 과정에서 본인 카페의 아이덴티티와 어울리는 폰트를 선정해야 합니다.

> 휴먼스토리 영화와 블록버스터 재난영화 포스터의 폰트는 다릅니다. 폰트도 종류에 따라 표현할 수 있는 아이덴티티가 달라질 수 있습니다. 별 차이가 없다고 생각한다면 영화 포스터들에 사용된 폰트들을 한 번 쭉 살펴보거나 기업의 TV 광고에 쓰인 폰트들을 비교해보기 바랍니다. 폰트가 우리에게 전달하는 브랜딩 효과는 생각보다 매우 큽니다.

최근 상업적으로도 사용할 수 있는 무료 폰트가 많습니다. 기업이나 관공서 등에서 폰트를 무료로 배포하고 있기 때문입니다. 그러므로 카페를 창업할 때는 상업적 이용이 가능한 몇 가지 무료 폰트를 다운로드받아 같은 글자들을 써보고 어떤 폰트가 본인 카페에 가장 잘 어울리는지 고민해보고 정하는 것이 좋습니다.

폰트들을 보고 현재 내 안목으로 정하는 것이 불안하다면 디자인적으로 잘 만든 전문잡지 안의 이미지와 폰트들을 함께 살펴보고 그중에서 본인의 카페와 아이덴티티가 잘 어울린다고 생각하는 폰트를 정해 최대한 비슷하고 상업적으로 사용할 수 있는 폰트를 찾아보는 것이 좋습니다.

일단 폰트가 정해지면 그것을 인테리어 회사, 디자인 제작사, 프리랜서 디자이너 등 관련자들에게 똑같이 전달해 카페 공사와 제작에 통일성 있는 폰트가 사용되도록 해야 합니다. 즉, 누군가가 "당신 카페의 폰트는 무엇입니까?"라고 묻는다면 "ㅁㅁㅁ체입니다."라고 즉시 대답할 수 있어야 합니다.

두 번째 생각해볼 수 있는, 반드시 통일성이 필요한 디자인 요소는 컬러입니다. 스타벅스와 블루보틀을 떠올려보면 두 브랜드에서 상상되는 컬러가 다르다는 것을 금방 알 수 있습니다. 두 카페가 특정 컬러를 일관성있게 통일시켜 브랜딩하고 있기 때문입니다. 컬러 통일성이 없었다면 우리는 스타벅스와 블루보틀을 떠올릴 때 특정 컬러를 생각하지 못할 겁니다. 스타벅스와 블루보틀에서 보듯이 브랜딩에서 시각적으로 기억하는 데 매우 효과적인 방법이 바로 컬러입니다.

카페 브랜딩에 컬러를 이용하는 첫 단계는 메인 컬러와 포인트 컬러를 선정하는 작업입니다. 메인 컬러라고 해서 브랜드를 나타내는 가장 중요한 컬러라고 생각하면 안 되며 기본 바탕이 되는 컬러로 생각해야 합니다. 일반적으로 우리는 브랜드를 메인 컬러가 아닌 포인트 컬러로 기억합니다. 메인 컬러 1가지와 포인트 컬러 2가지, 총 3가지 컬러를 선정하는 것이 좋습니다.

물론 공간이나 브랜드에 따라 추가할 수 있지만 어쨌든 브랜딩에서 컬러 수는 최소한으로 지정하는 것이 매우 중요합니다. 메인 컬러와 포인트 컬러를 지정했다면 파워포인트나 포토샵을 이용해 그 컬러의 정확한 RGB 값을 확인해야 합니다.

각 컬러는 고유한 RGB 값을 갖고 있습니다. 이 값을 지정해 사용해야만 정확한 색을 구현할 수 있습니다. 빨간색이라도 모두 똑같은 빨간색은 아니므로 통일성 있는 컬러를 사용하기 위해서는 RGB 값을 반드시 기록해둬야 합니다. 물론 이렇게 기록

RGB와 CMYK

참고로 RGB 외에 CMYK라는 색값이 있습니다. RGB는 모니터용 컬러 값이고 CMYK는 인쇄용 컬러 값이라는 차이가 있습니다. 카페 공간의 특성상 CMYK 값이 더 자주 쓰입니다. 제가 RGB 값으로 말한 이유는 포토샵을 못하더라도 파워포인트를 사용해 RGB 값을 쉽게 확인할 수 있고 네이버에 'RGB CMYK 변환'이라고 검색하면 그 값을 변환해 알 수 있기 때문입니다.

된 RGB 값은 인테리어 회사, 디자인 제작사, 프리랜서 디자이너 등 관련자들에게 똑같이 전달되어야 합니다. 본인의 카페에 어울리는 컬러를 인테리어 회사가 제안하는 경우도 있는데 이때도 RGB 값을 전달받아 다른 업체들과 공유해야 합니다.

두 번째 단계는 메인 컬러와 포인트 컬러를 어떻게 사용할 것인지 구상하는 것입니다. 인테리어에서 어느 부분에 어떤 컬러를 사용할 것인지, 디자인 제작물에서는 어떤 컬러를 사용할 것인지 고민하다 보면 각 컬러의 사용비율이 나옵니다. 디자인을 직접 해보라는 것이 아니라 어떤 컬러를 사용할 것인지 컬러 비율을 정해보라는 말입니다.

나중에 인테리어 회사나 디자인 제작사에 이 의견이 반드시 전달되어야 합니다. 그들은 내 카페의 브랜딩에 대한 이해도가 나보다 깊지 않고 심지어 아예 이해하지도 않은 채 디자인을 진행하는 경우도 있습니다. 내가 컬러 비율을 지정해주지 않으면 내가 의도하지 않은 디자인 결과물을 보게 될 위험이 있습니다. 그래서 컬러 비율을 구성하라고 제안하는 것입니다. 물론 메인 컬러의 사용비율이 가장 높아 50% 이상 될 겁니다.

포인트 컬러 비율이 50%를 넘는다면 조절이 필요합니다. 컬러 비율을 조절할 때 개인적으로 제가 하는 방식을 알려드리겠습니다. 저는 공간 전체를 일단 1가지 컬러로 기획해봅니다. 예를 들어, 벽, 테이블, 천장 모두 흰색이지요. 그리고 최소한 1~2가지 색상을 추가해봅니다. 이렇게 조절하다 보면 메인 컬러 비율을 50% 이상으로 구성할 수 있고 번잡스러운 수많은 컬러의 대혼잡을 막을 수 있습니다.

세 번째 단계로 컬러 구성 비율을 깨뜨리는 요소들을 고려해봅니다. 저는 이 부분이 가장 중요하다고 생각합니다. 컬러 비율이 절묘하게 구성되어 잘 만들어진 공간을 정작 사용자가 사용하는 시기에 각종 물품으로 깨뜨리는 실수를 저지르는 경우가 상당히 많기 때문입니다.

카페 공간을 생각해볼 때 주의해야 할 것들은 가구와 머신들입니다. 브랜드 컬러를 고려하지 않고 개별적으로 내 마음에 드는 가구나 조명, 머신을 구매하다 보면 공간의 컬러 통일성이 금방 깨집니다. 특히 머신 제품들은 검정색인 경우가 많은데 브랜드의 컬러와 상관없는 검정색은 공간에 탁한 느낌을 줘 컬러를 이용한 브랜딩을 방해하는 요인이 될 수 있습니다. 따라서 각종 물품을 구매할 때는 지정된 컬러를 고려해 구매하고 그것이 어렵다면 무채색 중 흰색, 회색 계열을 구매하는 것이 좋습니다. 그것도 어렵다면 필름 작업을 하거나 패브릭으로 덮어 색상을 가리거나 안 보이는 안쪽 공간으로 옮깁니다. 에스프레소 머신은 본인이 원하는 컬러로 커스터마이징 customizing 할 수도 있으니 이 방법도 문의해보시기 바랍니다.

| 디자인 안목을 높이는 3단계 훈련법

우리는 디자인 부분에 능력이 있는 사람을 보면 디자인 감각이 뛰어나다고 말합니다. 디자인 감각은 사람마다 어느 정도 타고난다고 흔히 생각합니다. 패션 감각처럼 말입니다. 저도 그렇게 생각합니다. 그래서 누군가는 공간 인테리어를 구상하거나 디자인 제작물을 만드는 것이 어렵지 않고 또 다른 누군가에게는 너무 어렵기만 합니다. 그런데 본인이 디자인 감각이 별로 없다고 판단되고 그쪽 일을 해본 적도 없다면 어떡해야 할까요? 디자인 감각이 있는 회사에 맡기면 될까요? 그럼 그 회사가 디자인 감각이 있는지는 어떻게 알 수 있을까요?

앞에서 설명했듯이 내가 잘못 붙인 종이 한 장이 공간 디자인을 금방 무너뜨립니다. 카페에서 본인이 의식하지 못한 행동 하나가 디자인 퀄리티를 급격히 떨어뜨릴 수 있습니다. 그러니 디자인 감각이 있는 회사나 디자이너에게 맡기는 것이 계속 해결책이 될 수는 없습니다. 카페 사장이 될 분들이라면 각고의 노력으로 디자인 안목을 높여야 합니다. 감각이 타고난 능력이라고 본다면 안목은 개인의 노력으로 높일 수 있다고 저는 생각합니다. 디자인 안목을 높이려면 많이 보라고 합니다. 저는 생각이 다릅니다. 단순히 많이 본다고 디자인 안목이 높아지는 것은 아니라고 저는 생각합니다.

저희 회사는 성수동에 있습니다. 성수동에는 옷을 잘 입은 패피(패션피플)들이 정말 많이 다닙니다. 그럼 성수동에 있는 회사에 매일 출퇴근하면 시간만 지나면 패션 안목이 높아지고 옷도 잘 입게 될까요? 전혀 그렇지 않습니다. 그중에 옷을 점점 잘 입게 되는 직원의 경우를 살펴 보면 일단 패션에 깊은 관심을 가지고 옷을 잘 입는 사람들이 어떤 옷을 어떻게 입는지 유심히 살펴 봅니다. 그리고 그들의 공통점을 찾아내서 '아, 저런 옷은 저렇게 입어야 예쁘구나!'라고 기억해 둡니다. 그리고 기억한 대로 옷을 사 입어 봤더니 주변에서 패션 감각이 있다고 말합니다. 옷을 잘 입으려고 각고의 노력을 했는데 다른 사람들은 그를 보며 패션 감각이 뛰어나다고 말합니다.

사람들은 여기저기 카페를 많이 다니지만 그렇다고 모두가 카페 디자인 안목이 자연스럽게 높아지는 것은 결코 아닙니다.

원래 디자인에 관심이 많았던 사람이든 관심이 없었던 사람이든 개인차는 있겠지만 각고의 노력을 기울여야만 디자인 안목을 높일 수 있다고 저는 확신합니다.

디자인 안목을 높이는 과정은 총 3단계입니다.

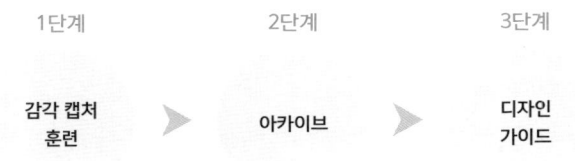

위와 같이 1단계에서는 감각 캡처 훈련부터 시작합니다. 디자인 안목이 한두 달 만에 올라가긴 물론 쉽지 않겠지만 그렇다고 몇 년씩 걸리는 것도 아닙니다. 카페 오픈을 계획하고 있다면 사전에 꾸준한 관심과 노력을 기울인다면 충분히 성장할 수 있다고 생각합니다.

- **1단계: 감각 캡처 훈련**

    디자인 안목을 높이는 첫 번째 단계는 감각 캡처 훈련입니다. 감각 캡처 훈련은 음식에 비유해볼 수 있습니다. 우리는 맛있는 음식을 먹을 때 보통 '와, 맛있다. 또 먹고 싶다'라고 느끼고 마는데요. 만약 메뉴개발자가 된다면 어떤 음식을 먹을 때 '어, 맛있네'라고 느끼는 순간 이런 의문을 가집니다. '그런데 지금 내가 왜 맛있다고 느끼는 걸까?' 본인이 그 순간 느끼는 감각을 인식하고 잠시 저장하는 것입니다. 어떤 만두가 맛있다면 여러 가지 이유가 있을 겁니다. 만두피가 쫄깃쫄깃해서, 육즙이 풍성해서, 아니면 만두 맛은 평범한데 주방에서 만두피를 만드는 셰프의 모습을 보고 맛있다고 느낄 수도 있습니다.

    어느 카페에 들어서는 순간 '와, 여기 상당히 감성적이다!'라는 느낌을 받았다면 잠시 STOP합니다. '그런데 내가 왜 이 공간이 감성적이라고 느끼는 거지?'라는 질문을 자신에게 던져보고 두리번거리면서 그 원인을 최대한 찾아봅니다. 추정되는 단서를 찾으면 꼭 사진을 찍어 저장해둡니다. 사진 폴더에는 '감성적인 카페 인테리어'라고 저장해둡니다.

| 카페 루틴 | 서울특별시 성북구 보문로34가길 6, 1층 | cafe.routine |

성신여대입구역에 '루틴'이라는 제가 굉장히 좋아하는 카페가 있습니다. 저는 이 카페에 처음 들어갔을 때의 느낌을 아직도 잊을 수 없습니다. 너무나 편안하고 친숙했기 때문인데요. 그때 그 감각을 캡처해 분석해봤더니 그 카페의 긴 테이블의 모습이 도서관에서 느낀 형상이었기 때문임을 깨달았습니다. 도서관에서는 아무 책이나 마음대로 읽고 어느 자리에든 앉고 큰 테이블에 책을 편하게 늘어놓을 수도 있습니다. 그런 편안한 감정을 루틴이라는 카페에서 저도 모르게 느꼈음을 깨달았습니다. 이런 긴 테이블을 커뮤널테이블communal table이라고 하는데요. 그 후로 저는 카페에 커뮤널테이블을 놓는 것에 대해 매우 긍정적으로 생각하게 되었습니다.

우리는 일상생활에서 감각의 만족도에 치중하기 때문에 그 원인을 찾아내려는 노력을 굳이 하지 않습니다. 우리가 소비자이기 때문입니다. 우리의 행복한 감각의 원인까지 굳이 파악할 필요는 없습니다. 그냥 행복을 느끼면 됩니다. 그런데 이제 입장이 바뀌었습니다. 우리가 카페라는 서비스 공급자나 생산자이기 때문입니다. 그래서 이제는 단순히 행복을 느끼는 데 그치지 않고 그 행복감의 구체적인 원인까지 찾아보는 겁니다. 감각 캡처 훈련은 처음 해보면 쉽지 않습니다. 꾸준한 반복과 원인을 분석하려는 노력과 정신집중이 필요합니다.

디자인은 보는 이로 하여금 내가 의도적으로 아름다움을 느끼게 만드는 작업입니다. 그러므로 그 원인이나 방법을 깨닫지 못하면 만들어낼 수 없습니다. 오늘부터 감각 캡처 훈련을 시작하면 좋겠습니다. 마음에 드는 카페나 어느 공간에 가보거나 영상이나 사진을 보고 긍정적인 느낌을 받으면 바로 그 순간의 감각을 저장하고 그런 감정을 갖게 된 원인을 찾아보기 바랍니다. '잠시만. 나는 이곳 조명이 왜 예쁘다고 느끼는 걸까?'라는 생각이 든다면 그 원인을 기록하고 판단해봅니다.

- **2단계: 아카이브**

　디자인이 우수한 장소나 영상, 사진들을 보면 감각 캡처를 통해 원인을 파악해보라고 앞에서 제안했습니다. 하다 보면 처음에는 잘 안 보이지만 점점 보이게 되고 잘 몰랐던 외국어를 배워가며 글을 읽게 되는 것과 유사한 해석의 기쁨을 경험할 겁니다. 원인을 찾아내면 스마트폰 카메라로 즉시 찍고 본인이 느낀 대로 폴더별로 저장합니다. 이것을 '아카이브'라고 합니다.

　본인이 느낀 감정이 대단하지 않고 매우 사소한 감정이라도 좋습니다. '예쁘다, 감성적이다, 힙하다, 뉴욕스럽다, 편안하다'. 이런 감정을 느꼈던 디자인적 요소들의 사진을 계속 구분해 저장합니다. 중요한 것은 매우 디테일한 원인을 꼭 찾아내야 한다는 것입니다. 예를 들어, 그냥 편안함을 주는 테이블이 아니라 그 테이블이 편안함을 주는 원인을 찾아내 사진으로 모아보는 것입니다.

- **3단계: 디자인 가이드**

어느 정도 아카이브를 진행하다 보면 디자인적으로 우수한 것들이 가진 공통적인 원인을 하나하나씩 찾게 됩니다. 각각 개별적으로 저장했을 때는 잘 몰랐는데 같은 원인을 가진 것들이 계속 모이다 보면 어느 순간 자신이 어느 포인트에서 예쁘게 느끼는지 알게 됩니다.

다음 이미지를 보면 같은 구도의 커피잔 사진이지만 A가 B보다 더 감성적인 느낌을 줍니다. 빛의 차이 때문입니다. A는 자연광으로 빛이 방향성을 갖고 있어 밝은 부분과 그림자가 보이고 그사이에 빛의 그라데이션 덕분에 입체감 있게 보이는 것입니다. 하지만 B는 조명광 사진으로 빛의 방향성이 부자연스럽고 흰색 빛이다 보니 따뜻한 느낌이 적습니다.

아카이브를 하다 보면 본인이 발견했던 우수한 디자인의 공통적인 원인을 새로운 공간에 갔을 때 어느새 또다시 반복해 보게 됩니다. '아, 이 카페도 스피커를 벽 마감으로 안에 깔끔하게 넣었네.' 이렇게 본인이 발견한 것들이 조금씩 보이기 시작합니다. 심지어 그 카페 디자인의 조금 미흡한 부분의 개선 방향까지 어느새 알고 있는 자신을 발견합니다. '아, 저건 저렇게 했으면 좋았을 텐데.'

이것이 바로 세 번째 단계인 디자인 가이드입니다. 우수한 디자인들의 공통점에서 도출된 디자인의 디테일한 방법들이 본인에게 디자인 가이드로 차곡차곡 쌓이는 것을 느낄 겁니다. 이때 중요한 것은 그것을 문서와 이미지로 정리해두는 것입니다. 나중에 인테리어 공사를 할 때 심지어 인테리어 회사도 모르는 정말 귀중한 디자인 비법서로 빛을 발할 겁니다.

세 번째 단계의 모습을 보이는 사람들을 '디자인적 안목이 높다' '디자인 감각이 뛰어나다'라고 말합니다. 어떤가요? 자신이 노력해 얻은 디자인 안목. 정말 뿌듯할 겁니다.

자, 처음으로 돌아가겠습니다. 우리는 보통 디자인 감각이 좋다고 말할 때 타고난 사람이라는 의미를 내포합니다. 즉, 디자인 감각이 뛰어난 사람과 그렇지 않은 사람으로 나누는 것입니다. 카페 창업이라는 일생일대의 큰 모험을 시작하게 되었습니다. 본인이 디자인 감각이 별로 뛰어나지 않은 보통 사람이라고 가정해 봅시다. 어떡해야 할까요? 타고나지 못했으니 그 부분을 어렵다고 느끼고 포기해야 할까요? 무조건 '남에게 맡겨야지'라고 생각해야 할까요?

우리는 작품을 만드는 예술가가 되려는 것이 아닙니다. 일반 대중이 봤을 때 좋은 느낌을 받을 수 있는 수준 정도로 내 카페의 브랜딩을 담은 공간을 만드는 것이 목표입니다. 그래서 저는 감각과 안목이라는 단어로 구분해 제시하고 싶습니다. 타고난 감각이 없더라도 누구나 노력하면 정도의 차이는 있지만 디자인 안목은 일정 수준까지 끌어올릴 수 있다고 생각합니다.

나중에 카페로 성공했을 때 "카페를 어떻게 이렇게 예쁘게 만드셨어요?"라고 누군가가 묻는다면 "네, 인테리어 회사가 잘

해줬어요."가 아니라 "우수한 디자인들을 이렇게 수집했고요. 어떤 공통점이 있는지 나름 분석해 찾아봤더니 특징들이 있더군요. 그래서 그것들을 제 카페에 적절히 도입했고 제가 제시한 디자인을 인테리어 회사에서 잘 구현해줬어요."라고 대답하시게 될 겁니다. 그럼 다음에 카페 2호점을 열거나 다른 사업을 진행할 때도 그 디자인 안목이 내 안에 그대로 있으니 무엇을 하든 훌륭한 디자인을 계속 만들 수 있을 겁니다.

카페 디자인

카페 브랜딩은 고객이 접하는 모든 것에 통일성 있게 반영되어 고객이 카페의 일관된 아이덴티티를 느껴야 한다고 앞에서 말했습니다. 카페 디자인에도 동일하게 적용된다고 보면 됩니다. 카페 디자인은 카페의 아이덴티티를 고객에게 시각적으로 보여주는 가장 직접적인 방법이므로 카페 브랜딩이 반드시 통일성 있게 반영되어야 합니다.

카페 디자인은 3가지로 나눠 생각할 수 있습니다. 인테리어라고 부르는 공간디자인과 포스터, 메뉴판, 패키지와 같은 인쇄

디자인 그리고 브랜드를 기호로 만드는 로고디자인입니다. 각 디자인이 별개라고 생각하지 말고 카페의 브랜딩이 공간적으로 디자인되느냐, 인쇄되는 제작물로 디자인되느냐, 기호와 같은 형태로 디자인되느냐의 차이라고 보면 됩니다.

예를 들어, 저희 회사는 쿠킹스튜디오를 만들 때 인테리어 회사와 포스터 디자이너, 심지어 영상제작 감독에게도 동일한 브랜드 아이덴티티 설명서를 보냅니다. 그래야만 모든 디자인 제작결과물이 통일된 아이덴티티를 담은 상태로 제작되기 때문입니다. 카페 디자인 중 먼저 인테리어를 생각해보면 카페 창업을 준비하시는 분들의 인테리어 관련 고민을 잘 알고 있습니다. 지금까지 똑같은 질문을 수없이 받았기 때문입니다.

'좋은 인테리어 회사를 어떻게 찾을 수 있나요?'
'턴키 방식으로 업체에 맡기는 게 나을까요, 반셀프가 나을까요?'
'나중에 인테리어 회사와 문제가 생기면 어떡하죠?'
'적정한 인테리어 비용은 평당 얼마로 보면 되나요?'

우리가 인테리어라는 큰 산을 만나면 당연히 떠오르는 고민들입니다. 일반적으로 우리는 살아가면서 인테리어를 할 기회가 거의 없습니다. 최근 들어 자기 집 인테리어를 직접 하는 사람들도 꽤 있지만 인테리어를 한 번도 경험하지 않은 사람이 당연히 훨씬 많을 겁니다. 그리고 이제 난생처음 본인 카페 인테리어 공사를 해야 하는, 설레면서도 걱정되는 의사결정 위치에 섰으니 당연히 이것저것 고민이 많을 겁니다. 그런데 위의 고민들은 중요하지 않은 것은 아니지만 사실 부차적인 문제들입니다. 여기저기 알아보다 보면 해답도 어렵지 않게 찾을 수 있습니다. 지금까지 인테리어를 경험한 선배 창업자가 엄청나게 많고 온라인 커뮤니티에서 쉽게 소통할 수도 있기 때문입니다.

카페 인테리어에서 가장 중요한 필수조건 2가지로 저는 공간 아이덴티티 Spacedentity 와 사장님의 디자인 안목을 뽑고 싶습니다. 즉, 카페 인테리어에 브랜드 아이덴티티가 통일되게 반영되어 있느냐 그리고 그것이 디자인적으로 아름답게 표현되어 있느냐입니다.

카페 공간은 사장인 본인이 온종일 머무는 공간이므로 당연히 본인 마음에 들어야 합니다. 그런데 카페 창업을 희망하시는 분들 중에는 자신만의 공간을 갖고 싶은 마음에 카페를 창업하려는 분들이 많은 것이 사실입니다. 그게 나쁘다는 것이 아니라 본인 마음에 드는 인테리어를 어떤 방식으로 완성할 것인가에 대한 고민만 가득 차 공간 아이덴티티를 어떻게 충분히 구현하고 카페 브랜딩 관리자로서 본인의 디자인 안목을 어떻게 높일 것인가에 대한 고민이 없는 경우가 많다는 것입니다.

여기서 문제는 카페를 오픈하는 다른 사람들 중에 그런 점을 진심으로 심각하게 고민하고 실행하는 사람이 있고 그런 카페가 핫플이 아닌 우리 동네에도 이제 생겨나고 있다는 것입니다. 그들과 경쟁해야 한다는 것이 문제입니다. 예쁜 카페가 아니라 브랜딩을 잘해 예쁜 카페가 되어야 합니다. 인테리어 업체가 잘 만들어준 카페가 아니라 카페 사장의 디자인 안목이 높아 인테리어 업체가 잘 만들게 된 카페가 되어야 합니다.

공간 아이덴티티가 반영된 인테리어

운좋게 높은 퀄리티의 인테리어 회사를 만나 합리적인 비용에 카페 인테리어 공사를 잘 마무리했다고 가정해봅시다. 여기서 '잘 마무리했다'란 무슨 뜻일까요?

- Ⓐ 인테리어를 깔끔하고 예쁘게 아무 분쟁 없이 정해진 기간 내에 마쳤다.

- Ⓑ 인테리어를 우리 카페만의 아이덴티티가 충분히 반영되도록 깔끔하고 예쁘게 아무 분쟁 없이 정해진 기간 내에 마쳤다.

A의 경우, 카페 자체만 보면 인테리어 공사의 완성도가 높을 수 있겠지만 문제는 비슷한 규모와 비용을 들인 근처 카페들과 차별화하기가 매우 어렵다는 것입니다. 인테리어 회사 중에는 심지어 공장에서 찍어내듯 인테리어 디자인과 시공을 하는 회사도 있습니다. 실제로 인테리어 회사들에게 견적을 요청해보면 평수만 알려줬는데도 내 말을 들어보기도 전에 이미 평당 단가, 마감재, 조명, 커피바 시공 방식 등을 휘리릭 설명해주는 회

사도 있습니다. 카페를 '브랜딩을 전개해 나가는 하나의 요소로서의 공간'이 아닌 '음료와 음식을 판매하는 판매업장'으로만 보기 때문입니다.

브랜딩은 모든 영역에 똑같이 반영되어야 한다고 앞에서 말했습니다. 그리고 이것을 '동기화'라고 부른다고 했습니다. 동기화에는 당연히 고객과 만나는 접점인 장소가 포함됩니다. 그리고 이 장소에서 브랜딩을 전개하는 매우 효과적인 방법이 인테리어입니다. '공간 아이덴티티'라는 용어가 있습니다. 공간에서 볼 수 있는 브랜드의 아이덴티티를 말합니다. 인테리어에서 이것이 빠지거나 구현이 거의 안 되면 본인의 카페를 고객에게 기억시키는 차별화는 여기서부터 어려움에 빠집니다.

인테리어는 일단 한 번 하면 되돌리기 어렵습니다. 제대로 시공이 안 되었을 때 그 난관을 메뉴나 마케팅 등 다른 방법으로 극복하기는 매우 어렵습니다. 그래서 인테리어에 브랜딩이 충분히 반영되어야 합니다. 브랜딩이 인테리어에 잘 반영된 우수한 카페의 특징은 무엇보다 카페의 아이덴티티가 명확하다는 것입니다. 카페 브랜딩을 전개할 때 명확한 아이덴티티는 공간을 만들 때도 일관된 방향으로 시공을 쉽게 해주고 고객에게 카페가 기억시키려는 차별점을 온전히 전달해줍니다.

　이것은 방문한 고객들에 의해 입소문과 인스타그램, 블로그 등의 매체를 통해 다시 전파되어 추가고객들이 찾아오게 해줍니다. 즉, 카페의 명확한 아이덴티티가 브랜딩을 통해 공간 아이덴티티로, 고객의 기억 속에 카페의 차별점으로, 재방문의 이유로 연결되는 일련의 과정으로 이해하면 됩니다. 이렇게 브랜딩이 공간에 잘 녹아든 카페들의 결과물을 보면 당연히 감탄부터 하게 되지만 그 결과물을 완성하기 위해 카페 사장이 얼마나 많은 고민과 노력의 시간을 보냈을지를 생각하면 정말 존경하지 않을 수 없습니다.

　본인이 구상한 카페의 브랜딩을 인테리어에 고스란히 담는 과정은 매우 힘듭니다. 정도의 차이만 있을 뿐입니다. 이 힘든 과정에 더 슬기롭게 더 쉽게 접근할 수 있는 브랜딩을 인테리어에 담는 2가지 방안을 제시하겠습니다.

인테리어 무드보드

- **인테리어 무드보드**

　첫 번째는 인테리어 무드보드를 제작하는 것입니다. 앞에서 설명했던 브랜딩 무드보드와 거의 유사한 방식으로 제작하면 됩니다. 차이점은 브랜딩 무드보드가 내 카페의 아이덴티티를 이미지화한 것이라면 인테리어 무드보드는 인테리어에 집중해 내 카페의 브랜딩을 인테리어적 요소들로 이미지화한 것입니다. 구체적인 인테리어 자재, 가구, 제품 등의 이미지로 구성해도 되고 영감을 표현하는 예술작품이나 건축물, 자연의 모습을 담아도 됩니다.

　그런데 문손잡이, 수도꼭지, 전등, 조명스위치, 의자 등 인테리어의 디테일한 항목들은 인테리어 설계 단계에서 구체적으로 조사하고 컨펌하는 단계를 거치게 됩니다. 따라서 인테리어 무드보드에는 너무 디테일한 항목들만 부착되기보다 가장 중요한 브랜딩을 인테리어에 어떻게 담을 것인지를 중심으로 필수적이고 중요한 영향을 미치는 이미지들을 부착해야 합니다.

　1930년대의 고풍스러운 영국 분위기의 카페를 인테리어에 담는다면 무드보드에는 1930년대 카페의 내부 사진들 정도만 넣어도 좋습니다. 디테일한 테이블 디자인, 옷걸이 디자인 등은 인테리어 설계 때 구체적으로 조사해 선정하면 됩니다. 인테리어 무드보드가 완성되면 이전 단계에서 제작한 브랜딩 무드보드와 함께 나란히 두고 구체적인 인테리어를 고민해보면 좋습니다. 구체적인 카페의 모습이 서서히 잡혀갈 겁니다.

- **3D 렌더링**

두 번째는 내 카페를 미리 볼 수 있는 3D 렌더링rendering을 제작해보는 것입니다. 3D 렌더링은 이미지가 실제처럼 보이도록 하는 작업 과정 또는 결과물을 뜻합니다. 주로 스케치업이라는 프로그램을 활용해 제작합니다. 스케치업을 직접 배워서 하라는 뜻이 아니라 의뢰해 제작해보라는 뜻입니다.

프리랜서 디자이너들과 매칭될 수 있는 플랫폼에서 '스케치업'을 검색해보면 스케치업 3D 렌더링을 제작해주는 프리랜서 디자이너를 찾아볼 수 있습니다. 작업량이나 퀄리티에 따라 다르지만 30만 원 미만의 비용으로 하루 이틀이면 훌륭한 퀄리티의 완성물을 제작할 수 있습니다.

3D 렌더링은 일반적으로 공간이 이미 정해지고 인테리어 설계가 거의 완성되는 시점에 제작합니다. 하지만 아직 그런 단계가 아니라는 것을 미리 설명하고 손으로 그린 평면도와 예상 평수, 앞에서 우리가 제작했던 브랜딩 무드보드와 인테리어 무드보드를 전달하는 것만으로도 디자이너에 따라 다르겠지만 어느 정도의 3D 가상 카페의 모습을 제작해볼 수 있을 겁니다.

제가 3D 이미지를 제작해보라고 제안하는 것은 몇 가지 의미가 있기 때문입니다.

첫째, 본인에게 의미라고 한다면 3D 이미지를 제작해 봄으로써 머릿속에서만 상상했던 느낌을 시각 자료로 만들어 어떻게 다른지 사전 점검해 볼 수 있다는 것입니다. 여기서 사전이란 카페 오픈 전을 말하지만 인테리어 업체와 미팅하기 전도 뜻합니다.

반셀프의 경우라면 3D 렌더링 제작을 해주는 인테리어 회사가 없으니 당연히 본인이 직접 제작해야 하고 턴키의 경우라면 대부분 스케치업 3D 작업을 인테리어 회사가 해줄 겁니다. 그럼

3D 렌더링 이미지_디자인웜온

에도 본인이 미리 직접 만들어보는 이유는 변경하기가 쉽기 때문입니다.

인테리어 회사와 일단 업무가 시작되면 인테리어 회사는 하루하루가 비용이다 보니 내가 수정을 요구하기가 상당히 미안해집니다. 물론 인테리어 회사에서는 수정 가능하다고 말하더라도 어제 했던 요구를 다음 날 완전히 뒤엎기는 정말 난감합니다. 하지만 프리랜서에게 맡겨 3D 렌더링을 만들었는데 내가 상상한 인테리어가 직접 눈으로 보니 별로라면 다음 날 완전히 뒤엎고 몇 번이고 새로 만들어보면 됩니다. 물론 비용은 더 들 수 있겠지만 수천만 원부터 수억 원이나 하는 인테리어 본 공정이 시작되기 전 몇십만 원 정도의 스케치업 투자는 비용을 아껴줄 겁니다.

그리고 더 중요한 이유는 일단 인테리어 공정이 시작되면 마음이 급해지고 인테리어 회사에서 빨리 컨펌해달라는 요청이 오니 말 그대로 브랜딩보다 '공사'에 집중하게 되기 때문입니다. 정작 중요한 내 카페의 브랜딩을 공간에 어떻게 담을지 깊은 몰입과 생각 정리는 이때 거의 불가능하다고 보면 됩니다. 그래서 인테리어가 시작되기 전 미리 3D 렌더링을 보면서 공간 브랜딩을 차분히 깊이 고민해봐야 합니다.

두 번째로 업체들과의 관계에서의 의미는 반셀프의 경우, 많은 시공사에게 똑같은 업무지시를 더 구체적으로 내릴 수 있다는 장점이 있습니다. 턴키 방식의 인테리어 회사에게는 그들이 제작할 3D 이미지 작업시간을 많이 단축시킬 수 있기 때문에 추가 수정을 요청하거나 좀 더 디테일한 이미지를 요청하거나 설계 기간 단축, 비용 협상의 여지가 생긴다고 할 수 있습니다.

브랜딩 무드보드, 인테리어 무드보드, 3D 렌더링까지 제작해 인테리어 회사에 견적을 문의하면 체계적이라는 인상을 줄 수 있어 회사 측에서도 더 체계적으로 일하려는 모습을 보일 겁니다. 좋은 회사라면 그럴 겁니다.

| 인테리어 2가지 공사 방식: 반셀프, 턴키

인테리어 공사 방식은 반셀프와 턴키 방식으로 구분됩니다. 반셀프는 인테리어 회사가 아닌 시공업체를 개별적으로 컨택해 공사를 의뢰하는 방식이고 턴키는 인테리어 회사를 선정해 공사의 모든 과정을 맡기는 방식입니다. 두 방식 모두 카페 브랜딩을 인테리어에 충분히 반영하기는 쉽지 않습니다. 그래서 카페 사장은 인테리어 설계와 시공 기간 내내 이 부분을 제대로 반영하기 위해 각별히 노력해야 합니다.

먼저 반셀프 공사 방식으로 진행하는 경우를 생각해봅시다. 카페의 아이덴티티를 정하고 브랜딩을 인테리어에 어떻게 녹일 수 있을지 일단 기획까지는 완성했다고 가정해봅니다. 반셀프로 공사하면 직접 섭외해야 하는 시공업체가 한두 군데가 아닙니다. 그 업체들 하나하나마다 공사에 대해 직접 설명해줘야 합니다. 그냥 말로 하거나 손으로 대략 그린 그림으로 설명해도 공사야 진행되겠지만 본인이 구체적으로 기획한 브랜딩을 정확히 반영하기에는 꽤 불안할 겁니다. 심지어 사장 본인조차 본인이 생각한 구상이 제대로 구현될지 확신하기 어려울 겁니다. 그래서 앞에서 3D 렌더링을 인테리어 공사가 시작되기 전에 프리랜서 디자이너를 통해 미리 제작해보실 것을 추천해 드렸습니다. 프리랜서 디자이너를 찾는 방법은 뒷부분에서 추가 설명해드릴 예정입니다.

3D 렌더링이 100% 그대로 구현된다는 보장은 없습니다. 그렇더라도 3D 렌더링 없이 시공을 진행하기에는 상상 이상으로 많은 오해가 생길 겁니다. 사장이 머릿속에 있는 자신의 구상만으로 시공을 진행할 경우, 실제 공사가 끝나고 나서 전혀 다른 형태의 공간이 완공되어 있을 수도 있습니다.

다음은 턴키 방식으로 인테리어 업체를 선정해 시공을 의뢰한다고 가정해봅시다. 비용은 올라가지만 여러모로 편하고 안정적입니다. 그런데 인테리어 회사 중에 내 카페의 브랜딩을 분석해주고 알아서 공간 내에 충분히 구현해줄 정도의 역량을 갖춘 회사는 생각보다 견적이 꽤 높을 겁니다. 준비된 예산이 가능하다면 그런 수준의 인테리어 회사에게 의뢰하는 것이 좋습니다.

1인 카페 오픈을 준비하는 입장에서 인테리어 예산이 부족한 경우가 대부분일 겁니다. 그렇다 보니 위에서 말한 수준의 역량이 있으면서 견적은 저렴한 인테리어 회사를 찾기란 쉽지 않을 겁니다. 시간이 좀 걸리더라도 열심히 발품을 팔아 적합한 회사를 찾아보는 것이 좋겠지만 생각보다 쉽지 않을 겁니다. 인테리어 업무 프로세스는 회사에서 정하고 있고 회사마다 조금씩 다르므로 그 회사와 인테리어 일을 실제로 진행해보지 않고서는 어떤 방식으로 일하는지, 업무 역량이 어느 정도인지 알기 어렵습니다. 결국 턴키 방식으로 인테리어 전담회사를 정했더라도 결국 내가 주체가 되어 카페의 아이덴티티를 명확히 제시해주지 않으면 인테리어가 점점 산으로 갈 수도 있습니다.

> 이 책에는 카페 인테리어의 구체적인 시공 관련 내용은 담지 못했습니다. 추후 우수한 인테리어를 가진 카페들의 상세한 시공 내용을 설명하는 카페 인테리어 책을 추가로 출간할 예정이므로 여기서는 기본적인 내용만 설명하겠습니다.

반셀프 인테리어는 해본 분들은 알겠지만 정말 쉽지 않은 과정입니다. 감리할 감독자가 없으니 본인이 온종일 공사현장을 지켜야 합니다. 인테리어 공정 순서와 일정을 본인이 정해야 하고 각 분야의 시공업체와 자재를 본인이 직접 수배해야 합니다.

공사가 끝날 때마다 청소도 해야 합니다. 다른 사람이 해주지 않습니다. 무거운 공사 자재도 아무도 옮겨주지 않습니다.

요즘은 거의 없지만 공사하다가 말고 갑자기 안 오는 시공사도 있습니다. 그런 와중에 내 카페 브랜딩을 인테리어에 담는 작업은 정신을 여간 바짝 차리지 않으면 할 수 없습니다. 오후에 와 봤더니 전달한 내용과 다르게 목공공사가 되어 있을 수도 있기 때문입니다. 그러므로 이전에 다른 반셀프 인테리어 공사를 해봤거나 인테리어 경력자가 도와주는 경우가 아니라면 턴키 방식으로 인테리어 회사를 선정해 공사하는 것이 좋습니다.

반셀프 경험이나 지식이 충분치 않을 경우, 제가 반셀프 방식을 추천하지 않는 이유는 카페는 상업공간이기 때문입니다. 우리 집 인테리어 공사는 일정이 좀 늦어져도 큰 손해를 입는 경우가 많지 않지만 상업공간은 일정이 늦어지면 임대료가 계속 지출됩니다. 특히 전기승압, 하수구, 커피바 제작처럼 잘 몰랐을 경우, 추가시공, 재시공하는 데 일정이 많이 소모되는 공사들은 타격이 매우 클 수 있습니다.

그럼에도 반셀프로 결정했다면 고생과 고통의 시간에 대한 보상이 매우 크다는 것이 장점입니다. 반셀프로 인테리어 공사를 진행하면 경우에 따라서는 턴키 방식 대비 50%의 비용으로 같은 인테리어를 완성하는 경우도 있습니다. 절감된 비용으로 더 좋은 자재로 시공하거나 하이엔드 에스프레소 머신이나 하이엔드 오디오를 구매해 카페의 퀄리티를 확 올릴 수도 있습니다. 뒤에서 설명하겠지만 카페에서 매우 중요한 흡음공사를 건너뛰려다가 비용 여유가 있어 하게 될 수도 있습니다. 그리고 예산 외적으로도 인테리어 공사 관련 노하우가 본인에게 그대로 남기 때문에 향후 다른 공간을 만들 때 자신감을 가지고 더 나은 방식으로 공사를 주도할 수 있습니다.

    반셀프로 결정했다면 일단 유튜브에서 충분한 인테리어 시공 지식을 쌓습니다. 그리고 온라인 프리랜서 섭외 플랫폼이나 커뮤니티를 통하거나 자재를 구매한 업체에 문의해 각 시공팀을 찾으면 됩니다. 일반적으로 사전방문 견적을 하니 이때 충분히 소통하고 본인의 성격이나 스타일과 맞는지 판단하면 됩니다.

1가지 중요한 팁을 드립니다. 소통은 무조건 카톡과 같은 메신저로 글로 해야 합니다. 전화로 소통했더라도 그 내용을 요약해 카톡으로 다시 보냅니다. 그 이유는 소통 내용이 글로 남겨져 있어야 분쟁이 생겼을 경우, 판단의 근거가 되기 때문입니다.

자재는 본인이 직접 구매하거나 시공팀에게 구매를 부탁하면 됩니다. 본인이 직접 선택한 종류의 자재를 구매해주지 못 하는 경우 때문에 보통 본인이 직접 자재를 구매하게 되는데 부자재만큼은 구매를 꼭 부탁하는 것이 좋습니다. 부자재는 거의 공통적인 것들이고 세세한 부자재는 본인이 잘 모르는 경우가 많습니다. 본인이 미처 준비하지 못한 작은 부자재 하나 때문에 공사가 잠시 멈추기도 하는데 그 책임은 본인이 져야 합니다. 타일 공사를 한다면 타일은 본인이 직접 골라 주문하되 부자재인 코너비드 Corner bead, 모서리 마감재 는 준비해달라고 시공팀에게 요청합니다.

턴키로 인테리어 공사를 진행하면 본인과 시공업체 사이에서 제안과 관리를 해주는 중간자가 생기므로 반셀프보다 매우 편리합니다. 인테리어 회사를 선정하기 위해 보통 견적을 요청하는데 상세요청서 없이 간략한 내용으로 견적을 요청하게 될 겁니다. 그래서 일부 인테리어 회사에서는 이렇게 견적을 간단히 문의할 경우, 견적 전송을 안 해주는 곳도 있고 보통 반드시 미팅을 통해 아웃라인을 확인한 후 견적서를 제출해주는 곳도 있습니다.

인테리어 회사를 선정할 때는 포트폴리오를 확인해보는 것이 최우선일 겁니다. 그리고 그 포트폴리오가 구현된 카페를 직접 방문해 카페 사장님께 인테리어 회사가 어땠는지 물어보는 것이 좋습니다. 공사 중간에 과다한 추가비용을 요구하진 않았는지, 시공 실수에 대해 즉시 보수해주었는지, 시공 일정은 잘 지켰는지 물어볼 것이 많을 겁니다.

무엇보다 확인해야 할 부분은 업무 범위입니다. 우선 인테리어 회사에 내 카페의 브랜딩 무드보드, 인테리어 무드보드, 3D 이미지를 제시하고 설명해줘서 카페의 아이덴티티를 충분히 전달합니다. 그리고 카페 브랜딩을 표현할 수 있는 인테리어 디자인 아이디어를 제안해줄 수 있는지 문의해봅니다. 가능하다는 곳도 있을 것이고 자신들은 기본적인 인테리어 시공 형태 외에는 의뢰인이 구체적인 요청을 해야 한다고 말하는 회사도 있을 겁니다. 견적상 큰 차이가 없다면 물론 전자의 회사를 선정하는 것이 맞습니다.

    그리고 카페 브랜딩을 위한 공간 아이디어는 어떤 항목들을 기획해 줄 수 있는지 초반에 문의해야 합니다. 사실 애매하기 때문에 계약 전에 미리 확정을 받고 계약하는 것이 맞습니다. 또 하나 유의할 점은 소통이 매우 잘 되는 인테리어 회사를 선정하는 것입니다. 의외로 이 부분이 가장 중요할 때가 많습니다. 몇 번 연락이 오가다 보면 답변이 얼마나 빠르고 적극적으로 설명하려고 하는지 알게 됩니다. 인테리어 회사와 갈등이 있었다면 이 부분의 중요성을 실감할 겁니다.

    저희 회사는 인테리어 회사와 업무를 진행할 때 모든 소통을 글로 정리합니다. 카톡, 문자는 물론 전화 통화 내용, 회의 내용까지 모두 글로 정리합니다. 향후 생길지도 모를 분쟁이나 오해를 사전 예방하기 위해서이고 모든 소통을 기록으로 남기고 있으니 업무를 매우 신중하고 정확히 해달라는, 상대방 회사에게 주는 무언의 요구이기도 합니다.

| 인테리어 이외 디자인

　카페를 준비하는 과정에서 디자인은 생각보다 여러 군데 필요하다는 것을 느낄 겁니다. 어떤 카페에 들어갔을 때 디자인적으로 굉장히 안정감 있고 세련된 느낌을 주는 공간들을 잘 살펴보면 인테리어와 같은 공간 디자인 외에도 작은 오브제들까지 디자인적으로 통일성이 있다는 것을 알게 됩니다. 앞에서 말한 공간 아이덴티티와 마찬가지로 카페 공간에 놓이고 부착되는 모든 것은 일관된 아이덴티티로 디자인이 진행되어야 한다는 뜻입니다. 따라서 카페에서 인테리어 이외 작은 디자인 제작물들도 각각 별개로 보지 말고 하나의 디자인 아이덴티티가 용도에 맞게 제작된 결과물로 생각하는 것이 좋습니다.

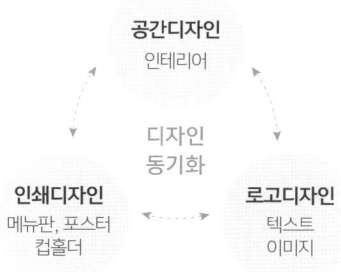

● 로고

로고의 본질은 고객들이 그 로고를 봤을 때 우리 카페를 떠올리게 하는 것입니다. 그러므로 로고는 우리 브랜드의 아이덴티티를 함축적으로 잘 표현하는 것이 가장 중요하며 눈에 잘 띄도록 복잡하지 않게 단순하게 제작해야 합니다. 별도의 로고를 만들지 않고 카페명의 텍스트를 그대로 로고로 쓰는 경우도 있는데 이 방법도 나쁘지 않다고 생각합니다.

다만, 나중에 인스타그램이나 유튜브를 개설할 경우, 프로필이 원형으로 보이게 되는데 로고가 있으면 깔끔하게 원형에 맞춰 넣을 수 있고 스티커로 제작해 카페 기물에 부착하거나 향후 굿즈를 제작한다면 텍스트보다 로고가 제작에 매우 적합합니다. 그리고 카페에 로고가 있으면 '이 카페는 브랜딩에 많이 노력하고 있구나!'라는 느낌을 고객에게 줄 수 있습니다. 그러니 가능하면 로고는 만들어보길 추천합니다. 뒤에 나올 '디자인을 위한 실무 Tool & Service' 코너에 로고를 쉽게 만드는 방법을 상세히 설명해두었습니다.

- 메뉴판

  고객이 카페에 들어와 인테리어 다음으로 두 번째로 보는 디자인 제작물은 메뉴판입니다. 그러므로 메뉴판은 메뉴를 설명해주는 정보 게시판이라기보다 카페의 브랜딩이 담긴 디자인 문서라고 생각하는 것이 더 적합합니다. 처음 들어간 카페에서 메뉴판만 보고도 그 카페의 커피 맛이 어떨지 짐작해본 적이 있을 겁니다. 물론 메뉴판의 메뉴 구성을 보고 그렇게 짐작했겠지만 우리는 무의식적으로 메뉴판 디자인에서 그 카페의 숨은 감성과 전문성을 느끼게 됩니다. 프랜차이즈 카페가 아닌 개인 카페라면 더더욱 그렇습니다. 그러니 메뉴판을 제작할 때는 시간적 여유를 가지고 조사와 구상을 하는 것이 좋습니다.

  메뉴판은 주로 텍스트로 구성됩니다. 그 텍스트의 폰트는 카페 전체적으로 통일성있게 선정된 폰트를 사용하면 되고 폰트는 적당한 크기로 정합니다. 폰트는 너무 크면 세련미가 떨어져 보이고 너무 작으면 가독성이 떨어져 읽기 힘듭니다. 여러 폰트 사이즈로 제작해 벽에 나란히 붙여놓고 비교해 선정하면 후회가 없을 겁니다.

메뉴판을 제작한 소재도 매우 중요합니다. 을지로 근처 인쇄소를 방문해보면 일반적으로 우리가 아는 종이 이외에 더 많은 종류의 종이가 있다는 것을 알게 됩니다. 코팅되어 광이 나는 매끈한 종이도 있지만 무광의 거친 질감의 종이도 있습니다. 본인 카페의 브랜딩을 전달하는 데 적합한 종이를 결정하면 됩니다. 시간이 된다면 동네 인쇄소보다 큰 규모의 인쇄소를 찾아가 종이를 직접 골라보는 것이 좋습니다. 처음에 한 번만 결정하면 나중에는 온라인으로 주문하면 됩니다. 카페의 아이덴티티에 따라 종이 메뉴판뿐만 아니라 태블릿 PC나 모니터도 생각해볼 수 있는데 메뉴를 변경하기 쉬워 편리한 방법이지만 종이 메뉴판이 주는 감성을 담기에는 조금 부족합니다.

- 포스터

카페에 따라 포스터를 공간에 부착하거나 부착하지 않는 곳도 있습니다. 카페의 아이덴티티를 잘 담고 디자인 퀄리티도 완성도 높게 제작된 포스터가 아니라면 벽에 부착하지 말고 테이블 배너로 작게 제작해 계산대 옆에 두는 정도가 좋겠다는 것이

제 개인적인 의견입니다. 포스터는 카페에서 보통 신메뉴 출시를 알리는 용도로 제작해 부착하는 경우가 많은데 조금 다른 관점에서 보면 포스터는 일종의 디자인 제작물로 보는 것이 적절합니다.

고객들은 카페 공간을 볼 때 포스터가 부착된 벽 전체를 디자인적으로 인지하게 됩니다. 매출을 견인하는 중요한 신메뉴 정보가 포스터에 아무리 담겨 있더라도 기존 인테리어와 컬러가 통일되지 않고 퀄리티도 부실하게 제작되었다면 정보를 전달하는 데 성공하더라도 카페 전체의 브랜딩 측면에서는 마이너스가 될 수 있습니다. 또한, 고객들이 신메뉴를 인지하고 주문하는 곳은 계산대 앞이므로 고객들이 착석하는 공간 주변에 신메뉴 포스터를 굳이 부착할 필요는 없습니다. 계산대 앞의 작고 심플한 테이블 배너만으로도 신메뉴 정보 전달은 충분합니다.

포스터의 용도는 브랜딩입니다. 포스터는 보통 A1~A3의 큰 사이즈로 제작되므로 갤러리에 걸린 그림처럼 하나의 작품으로 여겨질 수 있습니다. 성수동에 가보면 한 빈티지 옷가게 외부 벽에 붙어 있는 포스터들을 볼 수 있습니다. 성수동의 유명한 포토 스팟이 되어 많은 사람이 사진 찍는 공간이 되었습니다. 포스터는 제품 정보를 전달할 목적으로만 사용되는 것은 아닙니다.

카페의 브랜딩을 표현하는 사진이나 텍스트, 예를 들어 카페 사장으로서 내가 카페에 담고 싶은 아이덴티티 키워드, 메뉴에 대한 생각을 포스터에 담을 수 있습니다. 포스터는 빈 벽에 붙기 때문에 고객들은 자연스럽게 포스터를 응시하게 됩니다. 포스터를 신메뉴 출시 광고 용도로만 본인의 카페에 부착하지 말고 브랜딩을 위한 하나의 작품으로 활용하는 것이 좋겠습니다.

- 간판

최근 간판이 잘 안 보이는 카페들이 많이 늘고 있습니다. 저는 카페의 브랜딩 측면에서 필요하다면 간판이 잘 안 보이거나 심지어 없는 것도 괜찮다고 생각합니다. 그런데 매출 측면에서 생각하면 카페라는 곳은 꼭 우리 카페를 정해서 찾아오는 고객만 있는 것이 아니라 오가다가 들어오는 고객도 있으니 간판이 눈에 잘 띄게 제작할 필요도 있습니다. 물론 간판은 카페 브랜딩의 중요한 요소이므로 앞에서 말했던 폰트와 컬러의 통일성 안에서 제작해야 합니다.

최근 워낙 다양한 간판 디자인을 만들고 있기 때문에 정형화된 기존 간판 디자인보다 본인 카페의 아이덴티티를 담을 수 있는 디자인으로 제작하는 것이 더 매력적으로 보일 수 있습니다.

여러분이 해외여행을 간다면 간판 투어를 추천합니다. 레스토랑이나 패션샵이 많은 핫플레이스를 돌아다니면서 눈에 띄는 간판들 사진만 쭉 찍어봅니다. 그리고 어느 정도 사진들이 모이면 그중에서 본인의 카페와 어울리는 간판을 골라 레퍼런스로 참고해 디자인해보는 것을 추천합니다.

| 디자인을 위한 실무 Tool & Service |

카페 오픈 준비 과정에서 디자인해야 하는 제작물은 다음과 같습니다.

카페 로고	메뉴판	명함	포스터
	스티커	포장백	
소형 안내문 (와이파이, 화장실 안내, 원두 안내 등)			디저트의 태그형 가격표

디자인 담당 직원이 없는 이상 대부분의 실무를 사장님이 직접 해야 할 겁니다. 그런 구도가 나쁘지 않다고 개인적으로 생각합니다. 내 카페의 브랜딩 핵심 내용을 가장 정확히 깊이 아는 사람은 사장 본인입니다. 그러므로 본인이 직접 담당하는 업무량은 다소 늘겠지만 일관되고 깊이 있는 디자인 제작물을 만드는 데 가장 빠르고 효과적인 방법이 될 것입니다. 그래서 이번 챕터에서는 사장인 본인이 카페 디자인을 직접 담당할 때 도움을 받을 수 있는 다양한 방법, 특히 생성형 AI 활용법까지 안내하겠습니다.

- **크몽**

크몽은 디자인 각 분야의 실력 있는 많은 프리랜서가 모여 있는 플랫폼입니다. 일단 디자이너들이 매우 많아 여러 명에게 견적을 문의해볼 수 있고 대부분의 프리랜서는 답변 회신이 빠른 편입니다. 훌륭한 디자이너를 선정하기 위해서는 포트폴리오를 꼭 확인해야 합니다. 하지만 무엇보다 중요한 것은 소통입니다. 크몽은 홈페이지 내 메신저를 통해 디자이너와 소통하게 되어 있습니다. 회신이 너무 늦거나 상세히 응대하지 않으려는 디자이너를 굳이 선정할 필요는 없습니다.

크몽에는 다양한 분야의 디자이너가 있으니 웬만한 디자인 업무는 진행 가능합니다. 제가 크몽에서 선정한 디자이너와 꼭 진행하길 추천하는 업무는 2가지입니다. 첫 번째는 가상 파사드입니다. 파사드는 매장 입구 디자인입니다. 가상으로 제작해보면 인테리어에 큰돈을 들이기 전에 파사드의 대략적인 형태를 가늠해볼 수 있습니다.

더불어 로고를 활용해 다양한 목업Mockup을 제작해보는 것을 추천합니다. 목업은 가상의 완성 상품을 말하는데요. 예를 들어, 카페의 컵이나 냅킨 등에 카페 로고를 인쇄해 실제처럼 보이도록 PC로 제작해보는 것을 말합니다.

제작된 목업을 눈으로 확인하면 카페의 로고가 고객에게 어떻게 보일지 더 리얼하게 예상할 수 있습니다.

● 라우드 소싱

라우드 소싱은 24만 명 이상의 디자이너가 활동 중인 공모전 형식의 외주 제작 플랫폼입니다. 공모전 방식으로 의뢰인이 마음에 드는 시안을 선정하므로 여러 디자이너의 다양한 결과물을 볼 수 있다는 것이 장점입니다.

다만, 의뢰인이 제작비를 마음대로 정할 수 없고 최소 35만 원부터라는 정해진 금액으로 진행해야 공모전을 시작할 수 있습니다. 실제로 제작된 샘플을 보면 매우 우수한 퀄리티의 제작물들이 거래되는 것을 확인할 수 있습니다.

그리고 공모전 형식으로만 진행 가능한 것은 아니고 제작 분류별로 우수한 디자이너를 보여주고 있어 디자이너를 개별적으로 선정해 진행할 수도 있습니다. 이 방식은 크몽과 비슷한 방식입니다.

- 미리캔버스

미리캔버스는 디자인 템플릿으로 내가 디자인을 직접 쉽게 만들어볼 수 있는 빌더형 디자인 플랫폼이라고 보면 됩니다. 템플릿이 매우 다양해 실제 카페에서 바로 사용할 수 있는 수준의 디자인 템플릿을 많이 볼 수 있습니다.

특히 미리캔버스가 카페 실무에 매우 쓸모 있다고 제가 생각하는 이유는 배경 제거 기능(디자인 회사에서는 보통 '누끼'라고 부릅니다) 성능이 매우 우수하기 때문입니다. 매장에서 신메뉴가 나왔을 경우, 심플한 배경 앞에서 메뉴 사진을 스마트폰으로 직접 찍어 미리캔버스에 올리면 배경을 제거하고 신메뉴의 이미지를 내가 원하는 배경과 합성해 볼 수 있습니다. 포스터 크기로 인쇄하면 바로 카페 안에 게시할 수 있는 신메뉴 출시 안내 포스터가 됩니다.

미리캔버스의 가장 큰 장점은 비용입니다. 2024년 6월 27일 기준 1년 회원 금액은 160,800원으로 월간 13,400원입니다. 프리랜서 디자이너에게 의뢰해 제작하는 비용에 비하면 1/10도

안 되는 수준입니다. 물론 본인의 디자인 안목이 낮다면 아무리 좋은 템플릿을 모아둔 미리캔버스라도 퀄리티가 낮은 결과물이 제작될 수 있습니다. 따라서 미리캔버스로 작업을 직접 한다면 사전에 우수한 디자인 레퍼런스를 충분히 조사·분석한 후 벤치마킹해 미리캔버스에서 제작해보는 것을 추천합니다.

- 브랜드크라우드

브랜드크라우드는 내가 원하는 로고를 스스로 만들어주는 생성형 AI 서비스입니다. 디자인을 전혀 할 줄 몰라도 관련 브랜드명과 키워드를 입력하면 AI가 몇 가지 로고를 제안해줍니다. 예를 들어, 브랜드명으로 'GOOD MOMENT', 관련 키워드로 'CAFE'를 입력하면 카페에 어울리는 GOOD MOMENT라는 다양한 디자인의 로고를 제안해줍니다. 물론 로고를 선택해 수정할 수도 있고 한글 브랜드명으로도 제작 가능해 실무에서 바로 활용할 수 있는 서비스입니다.

로고 작업을 할 때는 미세한 수정이 매우 중요한데 디자이너와 실시간 소통이 안 돼 답답한 경우가 많습니다. 브랜드크라우드에서는 본인이 직접 미세한 수정을 해볼 수 있어 본인 마음에 꼭 드는 로고를 만들 수 있습니다. 사용하려면 회원가입과 연간 결제가 필요한데 한 달에 5달러로 1년 계약 결제를 받고 있습니다. 로고를 1년간 계속 제작할 일은 없을 테니 계약 기간이 긴 느낌이지만 신메뉴가 출시되었을 때 메뉴명을 로고 스타일로 예쁘게 만들어 메뉴판이나 메뉴카드로 제작해보면 연간 회원가입의 의미가 충분하리라 생각합니다.

● 파이어플라이

firefly.adobe.com

파이어플라이는 포토샵으로 유명한 어도비에서 제작한 이미지 생성 AI 서비스입니다. 최근 이미지 생성 AI 서비스가 매우 많아졌는데 파이어플라이가 가장 현실감 있는 이미지를 만들어준다고 개인적으로 생각합니다. 제가 운영하는 마케팅 회사 현업에서도 활발히 사용하고 있습니다. 생성형 AI 이미지의 경우, 카페에서는 많이 사용하지 않고 있는데 아무래도 카페 공간이나 메뉴의 실제 사진을 고객에게 보여줘야 해서 가상 이미지는 카페 운영에 별로 쓸 일이 없어 보입니다.

다음은 제가 드리고 싶은 제안입니다. 카페 사장님 중에서 인스타그램 운영을 거의 안 하는 분들에게 그 이유를 물어보면 같은 공간, 같은 메뉴의 한정된 사진들을 찍게 되는데 인스타그램에 계속 올릴 만한 콘텐츠가 없다고 대답합니다. 카페를 운영하게 된 이유, 카페에 담고 싶은 본인의 철학, 커피에 대한 본인의 생각을 생성형 AI로 제작한 이미지와 함께 글로 작성해 인스타그램을 통해 고객들에게 전달해보는 것을 추천합니다. 카페 브랜딩에서는 무대의 주인공인 카페 사장의 스토리가 매우 중요한 요소가 될 수 있다고 말했습니다. 그 스토리에 맞는 사진은 오히려 카페 내에서는 촬영할 수 없을 수도 있습니다. 저작권 문제로 다운로드받은 아무 사진이나 임의로 쓸 수도 없으니 이때 생성형 AI로 만든 이미지가 유용하게 쓰일 수 있습니다. 파이어플라이는 기본 사용은 무료이지만 워터마크가 붙기 때문에 2024년 6월 28일 기준 월 6,600원 요금제를 선택해 사용하면 충분할 겁니다.

03

카페 브랜딩의 제2요소: 고객 경험

서울 성북구에 있는 한 조용하고 아늑한 카페. 노트북을 꺼내 잠시 일을 하고 커피를 마시며 '여기 카페는 생긴 지 얼마나 되었을까?' 궁금해합니다. 그리고 카페를 나서는 순간, 계산할 때 못 봤던, 포스기 옆의 작은 테이블 배너가 눈에 들어옵니다.

당신에게 □□□은 커피와 함께 이야기 나누며
영감과 위로를 주는 힐링 카페가 되었으면 좋겠어요.

'아, 이곳 카페는 힐링을 주는 카페였구나!' 또다시 씁쓸함이 밀려옵니다. 너무 좋은 목표와 선한 영향을 주겠다는 카페 사장님의 의지는 진심으로 닮고 싶고 존경을 표하고 싶지만 브랜딩 관점에서 보면 아쉬움이 남는 건 어쩔 수 없습니다. 사장님 혼자만 알고 있는 브랜딩 전달 방식은 카페 손님들에게 전혀 전달되지 않겠지요. 카페 공간에서 고객이 오감으로 느낄 수 있는 다양하고 전략적인 체험을 통해 브랜딩을 깊이 전해야 합니다. '힐링'이라는 키워드를 카페의 아이덴티티로 정했다면 고객이 경험할 수 있도록 구체적인 노력으로 준비해야 합니다.

예를 들어, 작은 향초와 태국 스파 스타일의 힐링 음악 정도만이라도 준비하면 카페에 가면 늘 예민하게 관찰하는 저 같은 사람은 단번에 알아차렸을 겁니다. 그럼 저는 그 카페어 우연히 들렀지만 잠시나마 전에 태국에 갔을 때 마사지를 받고 차 한 잔을 마시며 느꼈던 힐링을 다시 느끼게 해준 카페로 기억하겠지요. 고객이 경험할 수 있는 것은 특별한 게 없는데도 사장님 본인 카페의 컨셉은 기억해달라고 하면 요즘처럼 맛집과 콘텐츠가 넘쳐나는 시대에 당연히 기억하기 어려울 겁니다.

카페 안에서 고객들이 카페의 브랜딩을 체험하고 기억하도록 사장님은 계획하고 준비해야 합니다. 고객들이 의식하지 못하더라도 사장님이 준비한 브랜딩의 요소들을 고객들이 무의식적으로 느끼며 '아, 그 카페는 왠지 □□□인 것 같더라!'라는 차별점을 다른 사람에게 자연스럽게 이야기하게 해야 합니다. 그것이 사장님이 고생고생하며 카페라는 공간을 만든 성과입니다. 다른 카페와의 차별성, 고객들의 기억, 나아가 사진으로 글로 말로 지인들에게 자발적으로 카페를 이야기하는 눈물나도록 고마운 행동들. 그것이 바로 사장님이 카페를 만든 큰 보람 아닐까요? 그래서 이번 챕터에서는 카페 공간 안에서의 카페 브랜딩을 고객 경험의 측면에서 구현할 때 중요한 포인트를 이야기 나눠보겠습니다.

첫 번째 고객 경험: 맛

　푸드 분야 비즈니스에서 1가지 식재료나 메뉴를 정해 브랜딩을 진행할 경우, 브랜드의 아이덴티티를 표현하는 방식, 예를 들어 마케팅, 인테리어, 디자인 제작물, 웹사이트 등이 매우 심플하고 일관되게 진행되는 경우가 많습니다. '공차', '감자빵', '에그드랍', '런던 베이글'을 생각해보면 브랜드명을 들었을 때 떠오르는 이미지가 매우 분명합니다. 그만큼 브랜딩하기도 훨씬 쉽고 비용도 적게 듭니다.

　이런 점에서 카페도 메뉴 수를 최소로 줄이고 특정 메뉴에 집중하는 것이 메뉴를 브랜딩에 이용하기 훨씬 쉽습니다. 메뉴

수를 줄이는 것을 넘어 아예 1가지 식재료만 정해 카페의 브랜딩을 하는 카페들도 있습니다. 1가지 식재료로 한정하는 것은 브랜딩 측면에서는 정말 좋은 아이디어인데 그만큼 할 수 있는 메뉴의 범위가 좁아져 사장님 본인은 메뉴개발에 더 많은 고민과 수고가 필요하게 됩니다. 그럼에도 이렇게 카페의 아이덴티티를 정하면 얻는 장점이 꽤 많으니 한 번쯤 고민해보는 것도 나쁘지 않습니다.

카페라는 공간은 식음료를 파는 공간이므로 가장 중요한 고객 경험 요소는 당연히 커피와 디저트일 겁니다. 초기에 카페의 아이덴티티를 정의하는 단계에서 커피와 디저트의 종류뿐만 아니라 맛 수준도 목표를 정해두는 것이 좋습니다.

'저스트 에그(JUST EGG)'라는 브랜드가 있습니다. 2019년 출시되어 2021년 우리나라에도 들어온 미국의 식물성 대체 계란 브랜드입니다. 제가 푸드 마케팅 회사를 하고 있어 출시 때부터 관심을 가지고 지켜보고 조사도 했던 브랜드인데 얼마 전 기사를 보니 전 세계 5억 개 판매 달성을 했네요. 'JUST EGG'라는 제품명처럼 브랜드가 선명하다 보니 브랜딩 타깃이나 전개 방식도 매우 분명합니다.

| 맛 수준 목표를 정하다

　다음 표를 보면 3단계로 수준이 나뉘어져 있습니다. 단순한 구분이지만 굳이 맛 수준을 구분하는 것은 맛 수준 목표를 명확히 정하자는 취지입니다. 가능하면 '맛있게'가 아니라 어느 수준을 목표로 할 것인지 정해야만 준비 과정에서 계획이 가능해집니다. 또 하나는 현재 본인이 만들 수 있는 커피와 디저트의 수준을 객관적으로 가늠해보자는 취지입니다.

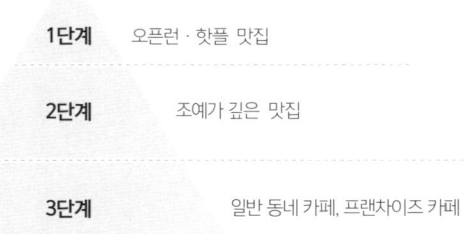

1단계　오픈런 · 핫플 맛집

2단계　조예가 깊은 맛집

3단계　일반 동네 카페, 프랜차이즈 카페

일반적으로 그냥 '내가 할 수 있는 최대한 맛있는 커피와 디저트를 만들겠다. 최선을 다하겠다.'라고 생각하는 사장님들이 꽤 많을 텐데요. 1단계로 맛 수준 목표를 정할 때와 2단계로 목표를 정할 때는 카페 오픈 전 사장님이 준비할 기간과 방법이 전혀 달라집니다. 그러니 조금이라도 더 맛있는 게 좋다고 무조건 3단계로 목표를 정하는 것은 무계획적으로 최선을 다하지 않겠다는 것과 같습니다.

영어 동시통역사를 목표로 정하고 아침 저녁 출·퇴근 때마다 지하철에서 하루 30분씩 영어공부를 한다고 가정해봅시다. 이 정도 노력으로는 '여행영어' 정도야 배우겠지만 영어 동시통역사라는 목표는 달성하기 어려울 겁니다. 진심으로 되고 싶다면 영어공부에 들이는 시간량, 학습하는 교육기관, 투입 비용까지 모든 구조가 달라져야 합니다. 앞에서 말했듯이 카페마다 잘되는 이유는 다릅니다. 매출을 만드는 품목은 커피와 디저트로 같지만 그 매출이 만들어지는 이유는 카페마다 다릅니다. 카페는 교통수단에 비유하면 유람선이라고 했습니다. 손님들이 꼭 빨리 가려고만 탑승하는 것은 아니기 때문입니다.

맛있는 음식이야 당연히 음식점을 찾는 이유겠지만 카페는 맛있는 커피를 마시기 위해서만 오는 곳은 아니라는 뜻입니다. 맛있는 커피와 디저트를 먹고 싶어 들르는 카페도 있지만 '가격이 싸고 빨리 나와서' '아늑하고 차분한 분위기가 좋아서' 들르는 카페도 있습니다. 손님들이 언짢아할 정도로 커피 맛이 형편없다면 좋은 이유가 있더라도 다시 찾지 않겠지만 말입니다.

맛 수준 목표를 정하라는 말의 뜻은 이렇습니다. 1단계로 맛 수준 목표를 정했다면 '맛'이라는 요인 이외에 고객을 카페로 끌어당기는 본인 카페만의 더 매력적인 아이덴티티를 반드시 발굴해야 합니다. 조그만 종이에 '우리 카페는 힐링 카페입니다.'라고 써 붙이는 수준이 아니라 고객이 분명히 기억할 정도의 아이덴티티를 표현해야 합니다. 그러지 못하면 우리 동네에 있는 열 개 카페와 비슷비슷한 열한 번째 카페가 될 뿐이고 맛 수준도 비슷하니 가격, 입지, 서비스로 경쟁할 수밖에 없는 전형적인 동네 카페들의 치열한 경쟁 속으로 본인도 뛰어들게 되는 것입니다.

'내가 만드는 커피와 디저트 정도면 이 동네에 없던 수준이니 당연히 맛으로 승부하면 되겠지.'

2단계의 맛 수준이라고 사장님 본인은 생각하지만 고객들은 1단계로 카페를 정의하거나 아예 처음부터 사장님 본인이 1단계로 수준을 정하고 창업하는 경우도 있습니다. 둘 중 어느 경우라도 현실적인 본인 카페의 맛 수준이 그렇다면 맛에서는 차별화가 쉽지 않다고 보는 것이 좋습니다. 맛 수준도 비슷하고 분명한 차별화 포인트도 없다면 근처에 비슷한 카페가 생길 때마다 일매출 감소를 체감하게 됩니다. 앞에서 정리한 브랜드 개발 과정을 통한 본인 카페만의 아이덴티티를 수립하는 것을 추천합니다.

- 커피

2단계로 맛 수준 목표를 정했다고 가정해봅시다. 첫째, 커피부터 생각해 볼까요? 카페 오픈을 준비하는 예비 사장님은 커피 쪽에서 오랫동안 경험을 쌓아오셨거나 카페 으픈을 준비하면서 이제 커피를 배우는 단계일 수도 있습니다. 후자의 경우라면 2단계 수준의 카페를 찾아가 오너 바리스타로부터 개인 과외를 받을 것을 적극적으로 추천합니다.

물론 커피 학원에서도 배울 점이 많겠지만 실제로 카페를 운영하는 오너 바리스타로부터 개인 과외를 받으면 장점이 정말 많습니다. 커피 업계에서 수준을 이미 인정받고 있는 멘토를 구한다는 것은 정말 든든한 일이 아닐 수 없습니다. 커피 이외에 카페 운영에 대해서도 들어볼 수 있고 실무에서 요긴한 이런저런 팁도 얻을 수 있습니다.

기본적으로 원두부터 에스프레소 머신 작동원리, 전체 추출 프로세스, 그라인더 분쇄도 조절과 커피 뉘앙스의 수정, 커핑 방법, 커피 수율과 TDS 측정까지 배우는 것을 추천합니다. 배우는 시간은 에스프레소 머신을 이용한 음료 기준으로 하루 2시간, 최소 8회, 16시간 이상을 추천합니다. 드립 커피까지 한다면 그만큼의 시간 동안 더 배우는 것을 추천합니다.

제가 2단계인 카페들의 오너 바리스타들을 인터뷰해 알게 된 평균적인 시간이니 개인마다 편차는 있을 겁니다. 그리고 개인 연습을 제외하고 과외 학습 시간만 그렇다는 것이니 개인 연습시간은 따로 내야 합니다.

그럼 2단계인 카페의 오너 바리스타로부터 어떻게 배울 수 있을까요? 가장 좋은 방법은 커피 업계에서 이미 인정받고 있고 본인 마음에도 드는 카페에 가서 커피를 직접 맛보고 배울 수 있는지 오너 바리스타에게 물어보는 것입니다. 인스타그램 DM으로 문의해도 되지만 직접 찾아가 문의한다면 진정성이 더 전해질 겁니다.

- 디저트

최근 유튜브를 보고 디저트 레시피를 배우고 실제로 판매까지 하는 사람들이 꽤 많습니다. 정말 맛있는 스콘이 있길래 어디서 배웠는지 물어보니 유튜브를 보고 따라 했다는 말에 깜짝 놀란 기억도 있습니다.

저희 회사에서는 '에이미쿠킹'이라는 브랜드로 코로나 발생 전까지 쿠킹 클래스를 약 10년 동안 진행했는데 국내 최정상급 셰프들과 함께 오래 일했습니다. 그때 셰프들이 레시피를 아낌없이 공개하는 것을 보고 정말 신기했는데 레시피를 안다고 그 맛을 구현할 수 있는 것은 아니라는 말을 들었습니다. 레시피는 설계도일 뿐 실제로 망치질하고 볼트를 조이고 페인트를 칠해야 집이 완성되는데 어떤 사람은 레시피대로 해도 집이 흔들거리고 어떤 사람은 천장과 벽 사이에 틈이 생기기도 합니다. 유튜브에서 레시피를 배워 맛 수준을 높이려면 2가지 조건이 필요합니다.

① 유튜브에 나온 디저트 메뉴가 실제로 맛있었다.

② 영상에 나온 것과 똑같이 조리했다.

영상 속 메뉴를 직접 맛보지 않았다면 1번은 불가능하니 맛있어 보이는 영상을 보고 배웠다는 것이 정확한 표현일 겁니다. 그리고 디저트를 직접 만들어본 경험자들은 잘 아시겠지만 같은 크림을 치는 작업을 하더라도 손목 속도나 힘 조절에 따라 완성된 크림의 질감이 전혀 다릅니다. 본인은 영상을 보고 그대로 따라 했다고 생각할 수 있지만 실제로는 다르게 생산되는 경우가 많습니다. 심지어 영상이 아니라 오프라인 클래스에서 강사와 함께 실습할 때도 이런 경우가 많이 발생합니다.

그래서 저는 디저트 메뉴 학습을 위해서는 반드시 원데이 클래스든 정규 과정이든 아니면 개인 과외든 반드시 일정 기간 동안 오프라인에서 배우고 메뉴에 대한 아이디어 차원에서 유튜브를 참고하는 것이 도움이 되리라 생각합니다.

프랑스 국립 제과제빵학교에서 정규 과정을 가친 셰프와 미국 CIA 요리학교를 졸업하고 '밀도'라는 브랜드에서 근무한 셰프로부터 저희 회사 직원들이 제과제빵을 배운 적이 있었습니다. 제가 고생고생하며 인스타그램을 직접 조사해 발굴하고 섭외한 보석과 같은 셰프들이었습니다. 잘 찾아보면 우수한 디저트 셰프로부터 과외를 받을 기회도 있을 겁니다.

2단계나 3단계의 커피, 디저트 맛집으로 포지셔닝했다면 어떤 면에서는 맛보다 중요한 포인트가 있습니다. 맛있어 보이게 하는 것입니다. 공급가가 꽤 높은 스페셜티 커피를 팔고 있는데 정작 손님들은 모르고 있다면 입맛이 예민하지 않은 손님들을 아쉬워하지 말고 어떤 손님이 들어와도 '여기 스페셜티 커피 파는 것 같다.'라는 느낌을 반드시 줄 수 있어야 합니다.

기억을 떠올려 보세요. 우연히 처음 갔는데 왠지 커피에 진정성을 가지고 매우 깊이 고민한 흔적이 보이는 카페가 있지 않았나요? 무엇이 우리에게 그런 이미지를 심어주는 걸까요? 오너 바리스타들은 실제로는 의미가 '있다' '없다' 의견이 분분한 부분인데 어쨌든 머신과 기물에 51점은 배정하는 것이 맞다고 생각합니다.

최근 프리미엄 또는 하이엔드 머신을 알아보는 일반 고객이 많아졌습니다. 에스프레소 머신과 그라인더를 중저가 제품으로 사용하더라도 바리스타의 역량에 따라 우수한 커피를 추출할 수 있습니다. 하지만 중저가 머신으로 스페셜티 커피의 이미지를 전달하기는 쉽지 않습니다.

하이엔드 머신과 드리퍼가 일반 고객에게 주는 '커피에 조예가 깊은 것 같다.'라는 인상은 분명히 무시할 수 없는 것 같습니다. 고객이 주문할 때 먼저 원두에 대해 능숙히 알려주는 설명 방식이나 원두를 테이블에서 직접 보고 시향해볼 기회를 주는 진열 방식도 커피에 대한 카페의 전문성이 높아 보이게 해줍니다.

그리고 아무리 강조해도 지나치지 않는 주인공. 바로 사장님이 가장 중요합니다. 김봉진 '배달의민족' 전 대표가 뿔테 안경에 수염을 기른 이유는 실력 있는 디자이너처럼 보이고 싶어서였답니다. 모든 분야가 그렇듯이 전문가라는 인상은 그 사람의 의상, 언어, 몸짓에서 저절로 뿜어져 나옵니다.

지금까지 제가 만나온 오너 바리스타들은 자신만의 스타일을 정성껏 준비한다는 인상을 주었습니다. 카페라는 무대 위에 올라가는 아티스트처럼 손님들에게 커피 스페셜리스트로서 첫인상을 남기고 싶어 하는 진정성이 느껴집니다. 카페는 그런 공간인 것 같습니다. 우리가 커피에 대해 가진 낭만적인 상상을 그 공간과 사장님께 기대하는 공간이 카페인 것 같습니다.

| 신메뉴 개발의 3대 요소

카페를 오픈하면 메뉴개발은 누구나 해야 합니다. 메뉴개발을 해줄 프리랜서나 지인이 있더라도 카페의 아이덴티티를 깊이 알고 있고 애착이 가장 깊은 사장님이 직접 관여하지 않을 수 없습니다. 그래서 메뉴개발의 기본 요소를 반드시 알아두시길 바라며 말씀드리겠습니다.

저는 16년 동안 푸드마케팅 회사를 운영하면서 셰프로 일하거나 조리학과 졸업 예정인 예비 셰프를 많이 만났습니다. 일도 함께 해보고 면접 자리에서 만나기도 했는데 한 번은 현직 셰프들의 연락처 정보를 보니 100명 이상 정리되어 있었습니다. 많은 셰프들이나 예비 셰프들이 메뉴개발을 시도하지만 당연히 실패하는 경우가 성공하는 경우보다 많습니다. 여기서 실패란 메뉴를 만들어내지 못했다는 것이 아니라 만든 메뉴가 상업적으로 성공하지 못했다는 뜻입니다.

그만큼 신메뉴 개발은 경력 많은 셰프들도 쉽지 않은 작업입니다. 카페 사장님들 중에는 F&B 쪽과 전혀 무관한 사람도 많습니다. 그런데 그런 사장님들 중에 커피와 디저트 신메뉴를 훌륭히 개발해 상업적으로도 의미 있는 성공을 거둔 경우도 있습니다. 하지만 여기서 중요한 점은 F&B 쪽의 비전공, 무경력자들이 메뉴개발에 성공한 경우가 있다고 해서 누구나 할 수 있는 것은 아니라는 것입니다.

갈비탕이나 닭볶음탕은 본인이 메뉴를 개발해 가게를 열기가 쉽지 않다고 생각하는 사람이 많은 반면, 카페는 쉬울 것 같다고 생각하는 사람이 많습니다. 앞에서 제시한 1단계 수준으로 맛 목표가 정해진다면 비교적 쉬울 수도 있습니다. 그러나 그 이상의 맛을 내기 위해 메뉴개발에 도전한다면 쉽지 않을 겁니다. 메뉴개발을 창의적인 아이디어 측면에서 완성되는 것으로 생각하시는 분들이 꽤 많은데 실제로는 더 중요한 요소들이 있습니다.

메뉴개발을 위한 3가지 기본 요소는 뛰어난 미각, 방대한 정보, 집요한 반복입니다. 메뉴개발을 번뜩이는 아이디어로 한다고 생각하는 사람이 많습니다. 그 의견에 반대하지는 않지만 아이디어로 메뉴를 개발할 수 있는 사람은 극소수라고 생각합니다.

우리나라에 천재적인 작곡가가 몇 명이나 있을까요? 여러분이 알고 있는 천재적인 작곡가는 많지 않을 겁니다. 타고난 천재성으로 심지어 음악을 정규 과정으로 배우지 않았는데도 가요계에 큰 획을 그은 작곡가들이 있습니다. 하지만 극소수입니다. 그런 대단한 사람들이 존재한다고 해서 본인도 자신만의 타고난 감각과 아이디어로 작곡할 수 있다고 생각한다면 실패할 가능성이 큽니다. 그래서 많은 대학에 작곡과가 있고 그것을 학문으로 배우고 있는 것입니다.

메뉴개발도 아이디어로 할 수 있는 사람들이 분명히 있지만 우리 같은 일반인은 그러지 못할 확률이 높은 것이 사실입니다.

- 뛰어난 미각

극장에 가 개봉작을 보고 나오면 재미가 있는지 없는지, 있다면 어느 정도 흥행할지 대충 감이 올 겁니다. 신기한 것은 우리 같은 일반 대중이 흥행하지 못할 것 같다고 느낀 재미없는 영화를 만든 감독이 영화에 대해 우리보다 더 잘 알고 있는 영화 전문가라는 사실입니다. 신기하지 않나요? 일반인일 때는 재미가 있는지 없는지 쉽게 평가할 수 있었는데 막상 제작자 입장이 되면 판단하기 어려워집니다.

메뉴개발도 마찬가지입니다. 남이 만든 음식을 내가 맛볼 때는 맛이 있는지 없는지 5초 만에 판단할 수 있었는데 막상 메뉴개발자 입장이 되니 내 입에는 맛있는 것 같은데 손님들은 맛이 없다고 말합니다. 뛰어난 미각이 없기 때문입니다. 여기서 뛰어난 미각이란 맛을 느끼는 감각이 우수하다는 뜻이고 다르게 표현하면 맛을 평가하고 구별하는 능력이 뛰어나다는 뜻입니다. 원래부터 미각이 타고난 분들이 계십니다. 이런 사람들은 메뉴개발을 매우 유리한 입장에서 쉽게 합니다.

그럼 저를 포함한 일반인들은 어떨까요? 대부분 평범합니다. 미각이 뛰어나지 않습니다. 그냥 평범한 미각을 가지고 있습니다. 우리가 평가자로서 맛을 볼 때는 평범한 미각으로도 쉽게 평가할 수 있지만 개발자로서 맛을 만들어내야 할 때는 문제가 생깁니다. 이것은 대학에서 요리나 커피를 전공했거나 수년 동안 관련 일을 했더라도 생기는 똑같은 문제입니다. 뛰어난 미각은 타고나거나 각별한 노력 없이는 쉽게 생기지 않기 때문입니다.

그래서 뛰어난 미각까지는 아니더라도 메뉴개발을 하는 데 적합한 상위 레벨의 미각 수준까지 올라가려면 미각훈련이 필요합니다. 원래 미각훈련이라는 개념은 맛에 대한 나의 감각을 더 민감하게 만드는 훈련이지만 제가 말씀드리고 싶은 쉬운 정의는 대중적으로 맛있다고 인정받은 음식에 대한 '기억 훈련'입니다.

미각훈련을 오래 하다 보면 빠지기 쉬운 함정은 본인이 맛있는 음식을 분별해낼 수 있다는 것입니다. 즉, 본인이 느끼는 맛있는 커피가 바로 맛있는 커피라는 함정에 빠질 수 있다는 것입니다. 영화를 일반 대중보다 훨씬 많이 보고 많이 분석했다고 그 영화감독이 만드는 영화가 대중에게 재미를 보장하지는 않습니다. 그래서 저는 미각 훈련을 대중적으로 인정받고 있는 맛있는 음식에 대한 감각의 기억훈련이라고 정의합니다.

본인의 평가와 상관없이 일반 대중으로부터 맛있다고 인정받은 맛집의 음식을 반복적으로 먹어보며 맛, 식감, 질감, 색상,

사이즈, 온도 등을 총체적으로 기억하는 훈련을 하는 것을 추천합니다. 정신을 집중해 매우 민감하게 느끼며 기억해야 합니다.

그렇게 대중의 인정을 받은 맛집 음식의 반복적인 '기억훈련'을 하다 보면 어느 순간 공통적인 특징을 발견하게 되는데 처음에는 그 특징을 머리로 기억하고 더 반복하다 보면 감각으로 기억이 됩니다. 예를 들어, 대중들이 줄을 서는 맛있는 마들렌은 이런저런 특징이 있다는 정보를 머리와 감각으로 기억하게 됩니다.

● 방대한 정보

이제 대중들이 줄을 설 정도로 맛있는 마들렌이란 어떤 것인지 머리와 감각으로 기억하고 있다고 가정해봅시다. 그래서 평범한 마들렌을 먹어보면 대중적으로 왜 인기가 없는지 본인이 명확히 설명할 수 있게 됩니다. 기준이 생긴 겁니다. 다음 단계에서는 본인 기준에 맞는 마들렌을 본인이 만들어내면 됩니다. 이때 필요한 것이 방대한 정보와 집요한 반복입니다. 본인의 입맛 기준을 넘어서는 마들렌을 만들기 위해 마들렌을 만드는 방식에는 도대체 어떤 것이 있는지 방대한 정보를 입수해 습득해야 합니다.

정말 뛰어난 맛집의 레시피를 누군가가 선물해주면 좋겠는데 현실은 그렇지 않고 레시피를 받았더라도 그대로 만들기보다 본인이 생각하는 방향이 있으니 더 많은 레시피를 찾아보는 시간이 당연히 있어야 합니다. 그것도 '방대'하다고 말할 정도로 영상, 책, 클래스 등 다방면으로 레시피를 수집해야 합니다. 그리고 실습을 하게 됩니다.

- 집요한 반복

지금부터는 기나긴 터널과 같은 반복의 시간이 시작됩니다. 수많은 레시피를 하나하나 직접 테스트해 본인의 기준을 충족시키는 결과물을 찾아내야 합니다. 하루, 이틀, 일주일, 한 달, 6개월? 얼마나 오랫동안 반복해야 되는지 모르는 지루한 과정입니다. 2~3일 정도만 생각하는 사람들도 있지만 본인의 경쟁자들은 2~3주, 2~3개월을 생각할지도 모릅니다. 원래 본인이 가진 집요함과 끈기, 성실, 투지, 열정과 같은, 현업에서 '전투력'으로 불리는 이런 요인들이 그 기간과 완성도를 결정할 것입니다.

신메뉴 개발의 기본적인 3대 요소로 뛰어난 미각, 방대한 정보, 집요한 반복에 대해 살펴봤습니다. 평범한 미각으로 정보수집과 반복실습을 한다고 해서 맛있는 메뉴를 개발할 수 있는 것은 아닙니다. 미각이 높아져도 각고의 노력으로 레시피 수집과 실습을 하지 않는다면 맛있는 메뉴를 개발할 수 없습니다. 그래서 이 3가지 요소가 모두 필요한 것입니다.

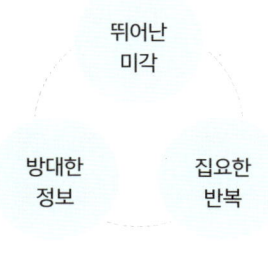

신메뉴 개발의 3대 요소

| 디저트 레시피 클래스 |

국내 디저트 클래스 중 가장 수준이 높고 수강생들의 리뷰 평가도 좋은 클래스를 선정해 다음에 정리해드립니다. 실무에서 바로 사용할 수 있는 디저트 레시피를 배울 수 있는 클래스들입니다.

우나스
blog.naver.com/unaskitchen

해피해피아카데미
happyhappyacademy.com

허니비 서울
blog.naver.com/honeybee_seoul

두 번째 고객 경험: 고객 여정

제가 가끔 찾는 길동의 꽤 유명한 'T' 카페가 있습니다. 2층으로 구성된 카페인데 드립 커피와 에스프레소 커피 모두 훌륭해 주말 오전에 종종 가 시간을 보내곤 합니다.

이 카페에 처음 갔을 때 좀 의아한 점이 있었는데요. 계산대 바로 앞에 2~3m 길이의 긴 테이블이 놓여있었습니다. 계산하는 데 불편하지는 않았지만 굳이 계산대 앞에 긴 테이블을 왜 두었는지 궁금했습니다. 계산대 앞이어서 그곳에 고객들이 앉아 커피를 마시기에는 매우 번잡스러운 공간이었기 때문입니다.

어느 날 제가 커피를 주문하고 나서 기다리다가 그 긴 테이블 위에 가방을 두고 기다린다는 것을 문득 깨달았습니다. 자리가 주로 2층에 있다 보니 잠시 기다렸다가 음료를 받아 올라가는 손님들이 많았는데요. 가만히 지켜보니 저만 그런 게 아니라 다른 고객들도 그 테이블 위에 가방, 우산, 미리 받은 음료 등을 올려놓고 기다리는 것이었습니다. 의도한 것인지는 모르겠지만 어쨌든 음료를 기다리는 고객들에게 편의를 제공하고 있었습니다.

이렇게 고객이 카페에 입장해 퇴장할 때까지 각 단계별로 만족이나 불만족을 느끼는 과정이 시간의 흐름에 따라 전개됩니다. 고객들은 그 단계들을 이미 알기 때문에 물 흐르듯 과정이 진행되어 보입니다. 그런데 만족과 불만족을 굳이 표현하지 않더라도 각 단계에서 긍정적 감정과 부정적 감정을 무의식적으로 느끼게 됩니다.

카페는 오프라인 공간이므로 고객이 카페 공간에서 직접 체험하는 각 단계에서의 과정은 매우 중요합니다. 본인의 카페에서 고객들이 경험하게 될 여러 과정을 하나하나 분석해보면 고객의 불만을 파악해 만족도를 높이는 방안을 찾아내거나 본인 카페의 브랜딩을 더 깊이 전달하는 좋은 방법을 찾아낼 수 있습니다. 이렇게 브랜드의 상품이나 서비스에 대한 고객의 경험을 처음부터 종료 때까지 단계별로 분석해 개선책을 찾는 과정을 '고객 여정 Customer Journey Map 분석'이라고 합니다.

단어가 다소 생소할 수도 있지만 쉽게 말해 고객이 본인 카페를 알게 되어 찾아와 커피를 마시고 카페에서 나갈 때까지 일련의 과정에서 불편함이 없는지 고민해보는 것으로 생각하면 됩니다. 이후 고객 여정 분석에서 중요한 포인트들 설명하고 특히 대면 커뮤니케이션을 집중적으로 설명하겠습니다.

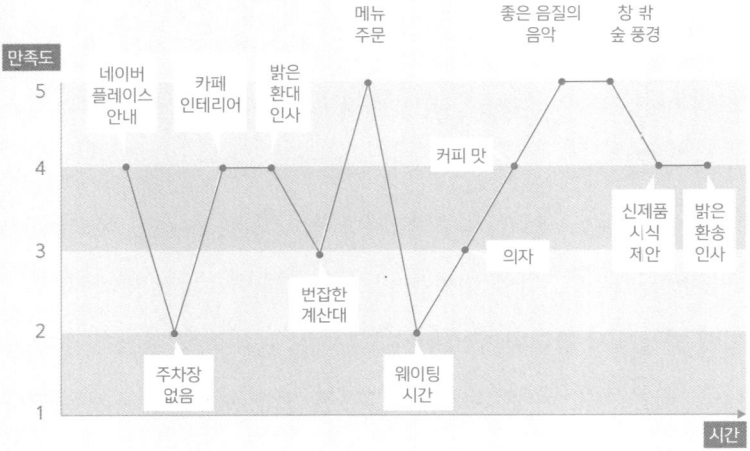

카페 방문객의 고객 여정 맵

고객 여정 지도는 고객이 카페를 인지하는 시점부터 떠나는 시점까지 전 과정의 경험을 시간의 흐름에 따라 예측해 작성합니다. 카페의 강점, 약점을 좀 더 체계적으로 보기 쉽게 정리해 볼 수 있으며 고객의 입장에서 불만족 포인트를 발굴하고 개선 방안을 고민해보는 매우 효과적인 방법입니다.

고객 여정 설계와 분석

고객 여정은 보기와 같이 고객이 카페를 이용하는 흐름을 시각화해 분석하는 기법입니다. 보기의 고객 여정 맵을 분석해 보면 고객은 카페를 맨 처음 인지하는 네이버플레이스에서 상세한 안내와 매력적인 이미지를 보고 매우 만족해 카페를 방문하기로 결정합니다. 그런데 네이버플레이스에 안내된 것과 달리 카페 앞 주차가 불가능해 불편을 경험합니다. 그리고 카페 인테리어와 환대 인사에 만족했지만 번잡한 계산대와 보기 힘든 메뉴판에서 소통하는 데 다소 답답함을 느낍니다.

메뉴를 주문할 때 고객이 원하는 대체 우유 음료로 오트밀 라떼가 있어 만족도가 올라갑니다. 하지만 특별한 안내 없이 웨이팅 시간이 20분이 넘어가면서 불만을 느낍니다. 의자는 별로 불편하진 않았지만 그렇다고 편한 것도 아니었습니다. 자리에 앉아 커피를 마시기 시작하면서 커피 맛과 음악, 창밖 숲 풍경에 만족도가 급상승합니다. 카페를 나서기 전 갓 구운 마들렌 시식과 문을 열어주면서 환송해주는 사장님의 친절함에 좋은 기억을 안고 카페를 나섭니다.

중요한 것은 각 단계에서 고객이 겪는 경험과 함께 그 경험에 따른 고객의 심리 상태를 예상해보는 것입니다. 그 심리 상태가 부정이라면 그 부정의 개선책을 찾아내 적용해보고 성과를 살펴보는 것이 핵심입니다. 결국 고객 여정 분석은 개선책을 찾아내 모든 단계에서의 고객만족도를 상향 평준화시키는 것이 목적입니다. 그럼 위와 같은 고객 여정 분석은 어떻게 해야 유의미한 데이터를 얻고 더 현실적이고 구체적인 문제점을 찾아낼 수 있을까요? 3가지를 살펴볼 수 있습니다.

첫째, 카페가 오픈 전이라면 분석할 카페나 고객도 없으니 말 그대로 예상해보는 방법뿐입니다. 가장 좋은 방법은 본인이 오픈하고 싶은 카페와 비슷한 카페들을 방문해 매우 예민하게 각 단계별로 본인의 만족과 불만족 포인트를 느끼고 기록해보는 것입니다. 지금까지 우리는 카페를 방문할 때 대부분 커피와 디저트 맛에 초점을 두고 평가해왔을 겁니다. 하지만 앞으로는 고객 여정 분석 관점에서 모든 단계별로 본인의 감정을 민감하게 체크하는 것을 추천합니다. 그렇게 만들어진 본인의 기록들은 결국 본인의 카페를 이용할 고객들이 느끼게 될 만족과 불만족을 미리 예측하게 해주는 귀중한 데이터가 됩니다.

둘째, 카페가 오픈된 후라면 정기적으로 고객들에게 작은 설문조사를 통해 VOC Voice Of Customer, 고객의 소리 를 수집해볼 수 있습니다. 고객들은 카페 사장에게 칭찬해주지도 않지만 불편 사항이나 불만족 사항은 더욱 말하지 않습니다. 그러니 직접 문의해보지 않고서는 알아차리기가 여간 어렵지 않습니다. 설문조사는 작은 종이에 고객 여정 단계별로 질문을 적어 진행해도 좋지만 가능하면 QR코드를 작게 출력해 주고 스마트폰으로 설문조사에 참여할 수 있도록 온라인 설문조사 양식을 만들면 참여도가 올라갈 겁니다.

VOC를 수집하는 과정과 개선작업은 카페를 운영하는 동안 내내 계속해야 합니다. 카페는 본인의 공간입니다. 그래서 고객들의 말에 너무 휘둘리지 말아야 한다는 조언들도 있습니다. 본인이 생각하는 방식대로 운영하는 것이 맞다는 조언일 겁니다. 저도 그 점에 전적으로 동의합니다. 카페에는 오롯이 사장님 본인의 철학과 성향이 담겨 있어야 한다고 생각합니다. 그런데 우리는 카페라는 아티스트적 활동을 하는 것이 아니라 카페를 통해 돈을 버는 사업을 하는 것이므로 고객이 많이 찾는 카페가 되도록 고민하고 개선하는 것은 당연히 꼭 필요한 활동입니다.

셋째, 고객 여정 분석은 매우 디테일한 요소들에 주목해야 합니다. 카페의 입지, 오픈 시간, 커피 맛, 인테리어처럼 구분이 분명한 키워드도 중요하지만 고객이 만족과 불만족을 느낄 만한 요소는 간판의 크기, 빨대, 웨이팅 시간 안내 멘트, 미끄러운 쟁반, 잘 정돈된 메뉴판처럼 매우 디테일한 경우가 많습니다. 따라서 카페 오픈 전에 고객 여정 분석을 예측하거나 오픈 후 고객 설문조사를 통해 데이터를 수집한다면 모든 디테일한 작은 요소들을 꼼꼼히 살펴보는 노력이 특별히 필요합니다.

| 고객 여정의 핵심: 고객응대

건국대 예술디자인대학 길 건너편 골목을 따라 조금만 걷다 보면 '꼬메노'라는 작은 카페가 나옵니다. 테이블이 열 개인 평범한 동네 카페로 인테리어는 모던한 느낌은 아니지만 플랜테리어를 활용해 아지트와 같은 특유의 편안한 느낌을 선사합니다. 사장님 혼자 운영하는 1인 카페로 건국대생들 사이에서 꽤 유명합니다. 사장님과 인터뷰해보니 주말에는 하루 평균 100명가량 방문한답니다.

카페 꼬메노   서울특별시 광진구 군자로7길 29 | cafecomeno

규모가 매우 작은데도 그 정도 방문객이 있다는 것은 카페 평균으로 보면 상위그룹에 속하는 것입니다. 이곳을 방문한 고객들이 블로그나 인스타그램에 남긴 글 중에서 눈여겨볼 만한 것은 이곳 카페를 방문한 많은 고객이 친구 손에 끌려왔다는 겁니다. 즉, 지인의 추천으로 알음알음 방문했다는 것입니다.

또 하나 눈여겨볼 점은 많은 부분에서 사장님에 대해 다음과 같은 평가가 나온다는 것입니다. '커피를 상당히 잘 아시는 것 같다.' '사장님이 굉장히 나긋나긋하시고 친절하시다.' '메뉴를 정성스럽게 준비해 주신다.' 그러니까 이 카페는 사실 사장님이 카페의 매우 중요한 집객 요인이라고 할 수 있습니다. 이곳 카페를 자주 찾는 손님에게 "만약 사장님이 아닌 파트타이머분이 여기 있었다면 그래도 이렇게 자주 찾아오시겠어요?"라고 제가 물어보니 답변은 '그렇지 않다'였습니다.

건국대 근처에는 스타벅스만 네 군데나 있고 워낙 유명한 카페들이 많아 갈 곳은 매우 많습니다. 곰곰이 생각해보니 찾는 이유 중에 사장님이 꽤 크다는 것입니다. 그렇다고 고객들이 이곳 사장님과 소통이 많을까요? 그렇지도 않습니다. 이곳을 찾는 고객들은 늘 그렇듯이 그냥 메뉴를 주문하고 계산하고 자리에 앉습니다. 어떤 숨은 이유가 있을까요? 저는 사장님이 손님에게 어떻게 응대하고 어떻게 소통하는지 유심히 살펴봤습니다. 그리고 드디어 몇 가지 이유를 알아냈습니다.

첫째, 사장님은 손님들에게 15° 정도 몸을 앞으로 숙이고 대화했습니다. 이런 대화 모습을 우리가 볼 수 있는 장소는 바로 특급호텔 프론트 데스크입니다. 몸을 앞으로 15° 정도 숙이고 말한다는 것은 상대방의 말을 귀 담아 듣겠다는 의지의 표현입니다. 그래서 면접 자리에서도 몸을 앞으로 살짝 숙이고 경청하는 자세가 좋다고 조언하는 것입니다.

두 번째, 손님의 문의에 일반적인 답변보다 한 문장을 더 붙여 설명해주고 있었습니다. 길지도 짧지도 않은 적당히 구체적인 답변은 '아, 이분은 상당히 친절하시구나!'라는 인상을 주었습니다. 다음은 실제로 사장님과 제가 나눈 대화 내용입니다.

나 샤케라또는 어떤 메뉴에요?

사장님 샤케라또는 아이스 에스프레소라고 생각하시면 돼요. 얼음이랑 설탕을 넣고 쉐이킹해 거품을 내 마시는 차가운 에스프레소에요.

나 달달한가요?

사장님 설탕이 들어가 단맛이 느껴지시긴 할 거예요. 그런데 어떤 시럽이 들어간 정도로 단맛은 아니에요.

세 번째, 가장 중요한 포인트는 사장님의 음성톤 Voice tone 입니다. 나긋나긋하고 부드러운 음성을 긴 호흡에 담아 말해 듣는 사람에게 안정적인 느낌을 줍니다. 그리고 사장님의 나이가 좀 있으신 것도 주로 대학생 파트타이머들이 일하는 대학가 카페에서 받기 힘든 편안한 인상을 주었습니다. 물론 앞의 이 모든 내용은 뛰어난 퀄리티의 커피를 만들어내는 사장님의 능력이 기본이 되어 있어 의미가 있는 요인들이지만 주변 카페들이 갖지 못한 경쟁력인 것만은 분명합니다.

'꼬메노'의 사장님은 개인 카페를 오픈하기 전 본인이 큰 경쟁력 포인트가 될 것으로 예상했을까요? 저는 아니라고 봅니다. 우리가 카페를 오픈하기 전 스피치 학원에 등록해 본인의 음성

톤이나 언어습관을 점검받을 일이 있는 것도 아니고 호텔학교에 가 고객응대를 전문적으로 배울 기회가 있는 것도 아닙니다. 즉, 사장님이 가진 역량이 '꼬메노' 카페의 컨셉과 잘 맞아떨어진 것입니다. 그래서 카페 오픈 전 준비 단계에서 '나'는 어떤 사람인지 깊이 고민하고 살펴봐야 한다고 앞에서 여러 번 말한 것입니다.

반대의 경우를 생각해볼까요? '꼬메노'의 사장님은 앞에서 말한 역량을 갖고 있지 않습니다.

나 샤케라또는 어떤 메뉴에요?
사장님 아이스 에스프레소예요.
나 달달한가요?
사장님 많이 달진 않아요.

물론 커피를 주문하고 마시는 데는 큰 문제가 없겠지만 현재의 '꼬메노'가 가진 아지트스러움, 편안함, 대접받는 듯한 느낌의 컨셉을 고객이 느낄 수 있었을까요? 본인 카페의 위치가 동네 상권이어서 단골손님을 늘려가는 것이 중요한 생활 카페라면 카페 사장님의 고객소통 역량은 매출을 늘리는 데 결정적인 역할을 할 겁니다.

그런데 고객소통 역량을 스몰토크Small talk 처럼 고객에게 일상적인 대화로 말을 거는 것으로 오해하는 사람들이 많습니다. 물론 그런 대화가 필요한 경우도 있겠지만 제가 생각하는 고객소통 역량은 말을 많이 하는 것이 아니라 소통 과정에서 손님이 매우 편하고 친절하다는 느낌을 받는 소통을 말합니다.

한국에서도 호감이 높은 일본의 생활 브랜드 무인양품에는 '무지그램'이라는 업무 매뉴얼이 있습니다. 그 매뉴얼에는 고객이 상품을 고를 때는 점원이 먼저 다가가 말을 걸지 말라고 되어 있습니다. 그럼 '모른 척하라는 건가?' 아닙니다. 가까운 거리에서 지켜보다가 고객이 도움이 필요해 보일 때 다가가 친절히 응대하라는 것입니다.

저는 필요하다면 고객에게 아무 말도 안 하는 것까지도 고객소통 역량에 포함된다고 생각합니다. 무뚝뚝하게 모른 척하고 아무 말도 안 하는 것은 누구나 할 수 있습니다. 그러나 고객에게 도움이 필요한 순간을 포착해 부담스럽지 않게 소통하는 것은 각별한 주의력 없이는 정말 힘든 일일 겁니다.

카페의 아이덴티티를 결정하는 단계에서 고객소통 방법도 브랜딩의 일부로 생각하고 미리 계획하는 것을 추천합니다. '고객과 어떤 수준으로 어떤 방식으로 소통할 것인가?' 카페는 하나의 큰 뮤지컬 무대입니다. 음악과 조명이 있고 대사가 있고 액션이 있고 출연 배우들이 있습니다. 고객이 카페 문을 열고 들어와 시간을 보내고 나가는 순간까지의 여정을 머릿속에 그려보고 각 단계에서 주인공인 카페 사장이 어떤 대사와 표정을 하는 것이 관객에게 기분 좋게 공연을 즐길 수 있게 해줄 수 있는지 깊이 고민해볼 필요가 있습니다.

성공적인 커뮤니케이션을 위한 3가지 팁

다시 강조하지만 고객과의 커뮤니케이션이 카페에서 매우 중요한 고객만족과 매출 요인이 될 수 있습니다. 그런데 커뮤니케이션의 중요성을 알더라도 정작 중요한 것은 그 역량을 향상시킬 방법을 찾아내는 것입니다. 저는 업무상 서비스 아카데미를 상당히 많이 조사했는데요. 적합한 교육기관을 찾는 것이 쉽지 않았습니다. 그래서 저희 회사 직원들은 대한항공 퍼스트클래스를 담당했던 승무원을 섭외해 교육 커리큘럼을 짜 교육받은 적이 있습니다.

그 정도로 심화된 교육을 받는 것은 현실적으로 어렵겠지만 다음과 같이 개인적 차원에서 가능한 3가지 팁을 정리해드립니다. '내가 할 수 있는 최대한 친절히 고객에게 응대하면 되겠지.'라는 생각보다 최선을 다해 연습과 리뷰를 해보는 것을 추천합니다.

이와 관련해 도움이 될 만한 몇 가지 팁을 드립니다.

첫째, 서비스 응대가 매우 고도화된 직군들이 있습니다. '고도화'되었다는 것은 매뉴얼이나 교육의 심도가 깊다는 뜻입니다. 예를 들어, 항공사 승무원, 특급 호텔 프론트 데스크 근무자, 삼성전자 스토어 스태프 같은 분들입니다. 저희 회사에서도 현대카드 쿠킹 라이브러리 스튜디오나 삼성전자 쿠킹 스튜디오를 운영할 때 대한항공 전직 승무원을 섭외해 장기간 직원들을 서비스 교육했던 적이 있습니다.

앞으로 그런 직군의 종사자를 만나면 표정, 자세, 목소리톤, 멘트 내용까지 주의 깊게 살펴보는 것을 추천합니다. 보통 몇 주부터 몇 달 동안 교육을 받고 현장에 투입되는 사람들이니 우리가 쉽게 생각했던 고객소통이 자세히 살펴보면 결코 쉽지 않다는 것을 느낄 겁니다.

두 번째, 본인의 카페가 완성되면 정식 오픈 전 카페에서 스마트폰으로 본인이 소통하는 모습을 촬영해보는 것을 추천합니다. 3~4만 원이면 스마트폰용 무선 마이크를 구매할 수 있는데 그것으로 본인의 정확한 멘트와 목소리톤을 녹음합니다. 녹화된 영상을 보면 본인의 말이 너무 길거나 짧지 않은지, 목소리톤

카페 보흔바 | 대구광역시 중구 동덕로36길 124 | wohnbarcoffee

이 어색하지 않은지, 너무 영혼이 없는 말투는 아닌지 알게 됩니다. 우리는 항공사 승무원처럼 한 달 동안이나 서비스 연습을 받을 필요는 없지만 그래도 실전에 투입되기 전 연습과 모니터링은 반드시 필요합니다.

세 번째, 고객과 소통하는 메인 플레이스인 계산대를 깨끗이 비워야 합니다. 포스기와 각종 안내 배너, 디저트 바구니까지 계산대를 가득 메운 물품들 때문에 고객이 소통할 때 무의식적으로 답답함을 느끼는 카페가 생각보다 많습니다. 몇 마디 주고받지 않고 계산을 마무리하더라도 카페 사장과 손님 사이에 가로막힌 벽을 손님이 느끼지 않도록 하는 것이 좋습니다. 커피바가 담벼락을 쌓은 듯한 느낌을 주는 카페도 가끔 있습니다. 예시의 대구광역시 동인동에 위치한 카페 '보흔바'처럼 열린 형태로 제작하는 것도 비언어적으로 소통하면서 긍정적인 기억을 손님에게 줄 수 있습니다.

세 번째 고객 경험: 빛과 소리

지난 1년여 동안 카페 투어 프로젝트를 통해 60여 군데 카페를 방문하고 사장님들과 대화를 나누며 심도 깊게 카페들을 분석할 기회를 가졌습니다. 그 과정에서 예상하지 못한 히든 포인트 하나를 알아냈습니다. 저는 카페를 처음 들어갈 때 그 카페의 커피 맛 수준을 어느 정도 짐작하는 것을 언제부터인가 느끼기 시작했습니다.

처음에는 '인테리어를 좀 고급스럽게 잘해놓은 카페의 커피 맛도 훌륭하다고 느끼는 건가?'라고 생각했는데 감각 캡처를 하고 분석을 해보니 음악이었습니다. 특별히 음악에 신경 쓴 카페에 들어설 때 기분이 갑자기 'Up'되는 것도 느꼈고 대부분 그것이 커피 맛에 대한 만족까지 이어지는 공통점이 있었습니다. 저는 카페를 방문할 때마다 음악 선곡을 어떻게 하는지 사장님께 항상 물어봤습니다. 본인이 직접 선곡하고 있고 음질을 위해 일반 블루투스 스피커가 아닌 별도의 앰프와 스피커를 세팅해 놓은 카페는 여지없이 커피 맛도 훌륭하다는 원리를 깨달았습니다. '왜 그럴까?' 가만히 생각해보니 본인의 카페에서 흘러나오는 음악과 사운드까지 사장님이 직접 선정하고 조율할 정도라면 커피야 말할 것도 없을 거라는 생각이 들었습니다.

카페를 찾는 손님들의 감정 상태를 짧은 방문 시간 동안에도 긍정적인 감정 상태로 만드는 2가지 강력한 소재가 있습니다. 바로 빛과 소리입니다. 지금 우리가 뮤지컬 공연장 객석에 앉아 있다고 상상해봅시다. 공연이 시작되기 전 암전 상태가 이어집니다. 관객들은 긴장된 감정을 느낍니다. 그리고 갑자기 밝은 조명과 함께 20명의 댄서가 무대 위에 나와 춤추기 시작합니다. 공연은 그렇게 빛과 소리를 이용해 관객들을 긴장된 감정 상태에서 환희의 감정 상태로 인위적으로 빠르게 이동시킵니다. 그래서 2시간의 공연 동안 우리는 울고 웃습니다. 그것이 바로 우리가 공연을 즐기기 위해 기꺼이 돈을 지불하는 이유이며 공연 제작자들을 인정하는 이유입니다. 그런데 공연 무대 위에 밝은 흰색 조명이 계속 켜져 있다고 생각해봅시다. 음량이 너무 커 공연 내내 청각적인 불편함이 있다고 생각해봅시다. 관객에게 좋은 감정을 줄 수 있을까요?

앞에서 말했듯이 카페는 하나의 뮤지컬 공연장과 같습니다. 공간과 배우, 관객, 대사, 음악과 조명 그리고 입장과 퇴장. 카페 사장님은 카페를 찾는 고객이 머무는 동안 긍정적인 감정을 갖게 해 손님이 그 카페에 대해 좋은 기억을 가지고 퇴장했다가 다시 찾도록 하는 것이 목표입니다. 바로 그 긍정적인 감정을 고객에게 전해주는 카페라는 공연장의 매우 중요한 장치인 빛과 소리에 반드시 주목해야 합니다.

| 카페 인테리어에 적용해야 할 빛과 소리

앞에서 말했듯이 빛과 소리는 고객의 감정 상태를 카페 안에서 긍정적인 상태로 만들어주는 매우 훌륭한 소재들입니다. 그런데 문제는 빛과 소리를 어떻게 이용해야 하는지 잘 몰라 많은 개인 카페들에서 방치되고 있다는 것입니다. 다음 글에서 빛과 소리의 기본적인 특징과 그 원리를 이해하는 방법을 설명하겠습니다. 카페에서의 빛과 소리에 대해 먼저 알고 넘어가야 할 3가지를 살펴보겠습니다.

첫째, 빛과 소리는 개별적으로 기획하는 것이 아니라 카페 브랜딩의 큰 바탕 위에서 하나의 구성요소로 작용합니다. 따라서 카페의 빛과 소리에 대해 각 개별 업체에 문의할 때는 '공사' 개념으로 의뢰하면 안 됩니다. 일반적으로 카페의 조명이나 음향공사를 하는 업체들은 그동안 카페들을 공사해온 표준 시공 방식이 있습니다. 대부분 그 방식대로 제안받을 가능성이 큽니다. 물론 그것이 본인 카페의 브랜딩과 일치한다면 더없이 좋겠지만 그렇지 않다면 본인 카페의 브랜딩에 맞는 조명 기획과 음향 기획을 본인이 먼저 하고 나서 그것을 어떻게 구현할 수 있을지 기술적인 부분의 조언을 부탁하고 시공에 들어가는 것이 맞습니다.

둘째, 빛과 소리는 가장 저렴한 비용으로 카페의 아이덴티티를 고객에게 강력히 전달하는 방법으로 가성비가 가장 뛰어난 방법입니다. 작은 평수의 공간에 페인트를 칠하는 것만 해도 셀프로 하지 않으면 생각보다 시공비가 많이 드는데 그에 비하면 빛으로 공간을 채우는 비용은 매우 저렴합니다. 따라서 본인이 카페 오픈을 위해 책정한 예산이 적다면 빛과 소리를 더 활용해야 합니다. 그러기 위해서는 카페 브랜딩 과정에서 빛과 소리에 대해 깊이 고민하고 좋은 레퍼런스를 찾아보고 기획해보는 개인적인 노력이 필요합니다. 그 노력을 고객은 카페에 들어서자마자 눈치챌 겁니다.

셋째, 기본적으로 빛과 소리는 증대와 감소가 가능합니다. 빛은 조도의 증대, 감소가 가능하며 럭스$_{LUX}$라는 단위를 사용합니다. 소리는 음량의 증대, 감소가 가능하며 데시벨$_{DB}$이라는 단위를 사용합니다. 빛은 조도를 측정하는 조도계라는 측정기구가 있습니다. 매우 비싼 전문가용 제품도 많지만 비전문가가 쓰기에 적당한 제품은 쇼핑몰에서 5만 원 미만에 구매할 수 있습니다.

> 소리는 음량이나 소음을 측정하는 어플이 많이 개발되어 있어 다운로드할 수 있습니다. 예를 들어, '사운드 미터'라는 어플을 다운로드받아 핸드폰으로 음량을 측정해볼 수 있습니다. 카페를 오픈하기 전부터 좋은 느낌을 주는 카페에 간다면 조도와 음량을 측정해보는 것도 좋습니다.

데이터를 수집하다 보면 본인이 좋아하는 공간의 빛과 소리를 단순히 느낌이 아닌 수치 데이터로 지정할 수 있게 될 겁니다. 저는 카페를 방문할 때마다 조도와 음량을 측정하고 기록하는 습관이 있는데 어느 정도 경험이 쌓이다 보니 이제 감각으로 수치를 예측해 맞추는 경우도 많아졌습니다. 의외로 묘한 재미가 있는데 한 번씩 경험해보시는 것을 추천합니다.

빛을 디자인하는 방법

내 방과 호텔 방의 가장 큰 차이는 조명의 위치와 색상이 다르다는 겁니다. 일반 가정집은 보통 천장 중앙에 조명이 위치하고 주광색이라는 흰색 조명을 사용하는 반면, 호텔은 천장 중앙뿐만 아니라 주변부에도 조명이 위치하고 전구색이라는 노란색 조명을 주로 사용합니다. 그래서 호텔 방에 가면 집에서 느끼지 못했던 좀 더 감성적인 느낌을 받게 되는 것입니다. 이것은 상업공간과 주거공간의 차이라고 할 수도 있지만 더 정확히 말하면 '조명설계'가 된 공간과 그렇지 못한 공간의 차이라고 할 수 있습니다.

호텔과 같은 상업공간은 인테리어를 할 때 조명설계를 하게 됩니다. 조명설계란 빛의 위치와 조도, 빛의 색상을 계획하는 과정입니다. 공간 전체로 보면 공간을 채우는 빛을 디자인하는 과정이라고 생각하면 됩니다. 이 부분은 인테리어업체나 조명전기설비업체에서 해줄 것으로 생각할 수 있는데 물론 시공은 해주지만 조명설계, 즉 빛의 디자인은 카페 사장 본인이 직접 해야 합니다. 그리고 그 기본적인 원리는 본인이 고민하는 카페 브랜딩의 바탕 위에서 카페의 아이덴티티를 표현하는 목적을 가지고 있어야 합니다.

먼저 다음 2가지 측면에서 기본적인 원리를 알아야 합니다.

첫째, 보여줄 곳과 보여주지 않아도 될 곳을 구분합니다. 즉, 모든 공간을 똑같은 양의 빛으로 채운다고 생각하지 말고 본인이 보여줘야 할 부분에 조명을 비추고 보여주지 않아도 되는 부분에는 조명을 비추지 않는다고 생각하면 됩니다. 쉽게 말해 빛을 비출 부분과 비추지 않을 부분을 구분하는 것이고 더 세분화하면 빛을 비출 부분을 어느 정도 밝기로 어떤 색상으로 비출 것인지 정하는 것입니다.

스티브 잡스의 전설적인 아이폰 출시 프레젠테이션은 지금까지도 프레젠테이션의 정석으로 여겨지고 있습니다. 그 핵심은 보여주고 싶은 이미지를 한 개씩만 발표자료에 띄워 보여주는 것입니다. 이미지 하나에만 관객이 시선을 매우 편하게 두게 하고 스피치에 집중하게 한 방식입니다.

사람들은 여러 가지 사물에 시선을 동시에 두어야 할 때 피로감과 불편감을 가집니다. 그래서 주변이 모두 밝은 곳과 특정한 곳만 밝은 곳에 있을 때 느끼는 감정은 전혀 다릅니다.

똑같이 넓은 공간이라도 종합병원이나 은행 공간이 주는 느낌과 갤러리 공간이 주는 느낌은 전혀 다릅니다. 인테리어 자체가 다른 것도 있지만 빛의 관점에서 보면 병원이나 은행은 전체적으로 동일한 조도의 조명으로 밝게 만드는 반면, 갤러리는 전체 공간을 밝게 하더라도 다운라이트 Down light, 매립조명 와 같은 조명으로 작품에 빛을 더 강하게 비추어 관객이 봐야 할 부분을 명확히 정리해주기 때문입니다.

본인의 카페에 적용해 생각해보면 카페 안 모든 공간을 똑같은 양의 빛으로 채운다고 생각하지 말고 고객에게 꼭 보여줘야 할 부분과 보여주지 않아도 될 부분을 구분해 조명 계획을 세운다고 생각하면 카페 조명설계의 윤곽이 잡힐 겁니다.

카페의 아이덴티티를 '안정감', '안락함'으로 정했다면 공간 전체가 균일하게 보이는 조명보다 낮은 조도로 손님의 위치에 조명을 집중해 손님이 오롯이 자신의 위치에 집중하게 만드는 것이 좋습니다. 활기차고 에너지 넘치는 공간으로 아이덴티티를 정했더라도 무조건 전체적으로 밝은 공간보다 빛의 강약과 방향성을 이용해 보여줄 부분을 강조하면 더 감각적인 느낌을 줄 수 있습니다.

그런데 인테리어 공사를 의뢰할 때 공간 조도를 지정해 요청하기는 쉽지 않을 겁니다. 그래서 애당초 인테리어 공사 중에 조명전기공사를 할 때 조도를 조절할 수 있는 다이얼 스위치를 설치해달라고 전기공사업체에 요청하는 것이 좋습니다. 그리고 향후 어느 부분에 조명이 추가로 필요할 수도 있으니 레일 조명을 설치해 본인이 조명을 직접 추가하는 것도 좋습니다.

제가 개인적으로 추천하는 방식은 조도를 즈금 낮춰 공사하고 향후 플로어 스탠드 조명이나 데스크 조명을 추가해 카페의 조도를 본인 마음대로 조절하는 것입니다.

문제는 플로어 스탠드 조명이나 데스크 조명을 추가할 때 콘센트에 전선을 꽂아 연결하는 형태가 된다는 것입니다. 그리고 그 전선이 지저분하게 노출되는 단점이 생깁니다. 그래서 전기공사를 할 때 조명이 추가될 것을 염두에 두고 몇몇 공간에 더 여유 있게 콘센트를 설치해 향후 조명을 연결할 경우, 전선이 최대한 짧게 보이도록 미리 반영하는 것이 좋습니다.

둘째, 카페가 사진이라면 조명은 사진 보정 필터라고 보면 됩니다. 스마트폰에는 사진을 찍고 나서 필터 기능으로 사진 톤을 보정하는 기능이 있습니다. 어떤 필터는 노스탤지어 톤의 아련한 추억의 느낌을 주고 어떤 필터는 화사한 보정 값으로 피부가 밝게 보이게 합니다. 즉, 필터를 활용해 평범한 사진이 다양한 느낌으로 보이게 할 수 있습니다.

조명은 같은 공간을 다양한 느낌으로 보이게 만드는 필터라고 생각하면 됩니다. 즉, 같은 공간이지만 어떤 색의 빛을 쓰고 어느 정도 밝기로 비추느냐에 따라 전혀 다른 공간으로 보이게 할 수 있습니다.

우리가 사진을 찍고 나서 필터를 활용해 보정하는 이유는 무엇일까요? 그냥 일반적인 방법으로 사진을 찍으면 보는 데는 문제가 없겠지만 사진을 찍는 순간의 분위기를 담고 싶거나 본인의 특정한 감정을 사진에 담고 싶다면 보정해 원본의 필터 기능으로 약간의 왜곡만 주면 됩니다. 마찬가지로 조명을 활용해 공간에 시각적 왜곡을 줄 수 있습니다. 시각적인 왜곡은 공간을 방문한 사람들이 공간 자체가 가진 것과 약간 다른 감정을 느끼게 하는 것입니다. '몽환적이다' '활기차다' '고요하다' '청량하다'와 같이 우리가 특정 공간에서 특정 감정을 갖게 하는 데 조명이 큰 역할을 합니다.

즉, 조명이라는 공간 보정 필터를 활용해 톤인이 카페 공간에 담고 싶은 아이덴티티를 담을 수 있습니다. 브통 카페에 가면 시선이 천장에 가는 경우는 별로 없을 겁니다. 앞으로는 카페를 방문하면 천장의 어느 위치에 어떤 조명을 어떤 색상으로 세팅했는지 유심히 살펴보고 사진으로 기록하는 것을 추천합니다.

| 소리를 프로듀싱하는 방법

'지금 북유럽 스웨덴의 외딴 마을 작은 카페에 커피 한 잔 하려고 들어갔다고 상상해봅시다. 북유럽의 감성과 정취를 흠뻑 느끼며 아름다운 거리를 바라보고 있는데 갑자기 한국 최신가요가 나온다고 생각해봅시다. 무척 반갑겠지만 북유럽의 정취를 느끼는 감흥은 깨지고 맙니다.'

'오랜만에 만난 친구와 담소를 나누려고 카페에 들어갑니다. 친구와 얘기를 나누고 있는데 저기 구석쪽에 앉은 커플의 목소리가 공간에 울려 내 귀에까지 들립니다. 나는 그 커플이 신혼여행지에서 왜 싸우게 되었는지 안타까운 스토리를 본의 아니게 알게 되고 카페에서 나오게 됩니다.'

조금 극단적인 2가지 예를 들어봤는데 카페에서 가끔 우리가 접하는 상황입니다. 그만큼 카페에서 발생하는 소리는 고객들에게 긍정적 또는 부정적 감정을 느끼게 해 줍니다. 카페 방문을 고려할 때 '그 카페는 너무 시끄럽더라.'라는 말을 많이 들을 수 있습니다. 이 말을 '그 카페는 사람이 너무 많더라.'라고 해석하는 사람도 있을 겁니다.

이 2가지는 조금 다른 개념입니다. 사람이 많으면 시끄러울 확률이 당연히 높겠지만 사람이 적어도 시끄러운 카페가 있는 반면, 사람이 많아도 적당한 소음으로 느껴지는 카페가 있습니다. 그래서 카페를 운영하는 사장은 공간기획자로서 카페의 소리에 대한 본질과 원리를 알고 있어야 합니다.

최근 카페에서 나는 소리에 민감해하는 사장님도 많습니다. 하지만 지금까지도 많은 사장님이 이 부분을 중요하게 생각하지 않는 것 같아 걱정스러운 마음에 내용을 공유합니다.

카페에서 나는 소리는 2가지로 구분할 수 있습니다. 카페에서 의도적으로 들려주는 음악과 우발적으로 발생하는 백색소음입니다. 카페에서 나는 백색소음은 손님의 대화, 기기 소리 등으로 때에 따라 집중하는 데 도움이 되는 소음입니다. 특히 백색소음에 대해 어쩔 수 없다고 생각하는 사람이 많은데 그렇지 않다는 것을 말씀드립니다. 자연스러운 공간의 인테리어를 이용해 백색소음을 적절히 조절한 우수한 카페들이 많습니다.

다음은 우수한 두 군데 카페의 예입니다.

고로커피로스터스　서울특별시 관악구 남부순환로231길 33　|　gorocoffeeroasters

서울대입구역 카페 '고로커피로스터스'의 천장에는 긴 패브릭 천이 있습니다. 물론 인테리어적인 미적 효과를 위해 설치했겠지만 기능적으로 흡음에도 매우 좋은 방법입니다. 오후 3시경 카페 내부의 소음을 측정해봤더니 52.6데시벨이 나왔습니다. 이 정도 소음이면 담소를 나누거나 책을 읽거나 노트북 작업을 할 때 전혀 방해가 안 되는 매우 좋은 환경입니다.

낙산길20

서울특별시 종로구 낙산길20 | naksangil20

대학로 카페 '낙산길20'은 음료를 제조하는 커피바 공간과 손님들이 앉을 수 있는 홀 공간이 유리문으로 구분되어 있습니다. 에스프레소 머신이나 그라인더, 믹서기의 소음을 고객이 앉아 있는 홀 공간으로부터 차단해줍니다. 오후 3시경 카페 내부의 소음을 측정해봤더니 54.5데시벨이 나왔습니다.

저는 카페에서 고객에게 브랜딩을 전달하는 요소의 40%로 감히 음악을 꼽습니다. 음악이 카페 브랜딩을 제대로 담고 있다면 40%가 채워지니 고객은 굉장히 빠르고 강력히 그 카페의 브랜드를 기억하겠지만 그렇지 못하다면 다른 부분에서 브랜딩을 모두 담아야만 겨우 60%가 됩니다. 그만큼 카페의 브랜딩 측면에서 음악이 매우 중요하다는 것을 다시 강조합니다.

영화를 감상할 때 컷은 전환되지 않았는데 배경음악이 먼저 바뀌어 그다음 컷 장면이 예상된 적이 있을 겁니다. 음악은 우리에게 소리로써 뿐만 아니라 특정 영상, 이미지, 나아가 과거의 개인적 경험까지 떠올리게 하는 힘이 있습니다. 그래서 카페의 음악을 단지 음악으로만 여기지 말고 본인 카페의 브랜딩을 고객에게 계획적으로 주입할 수 있는 매우 유용한 감정적 브랜딩 도구로 생각할 것을 추천합니다.

카페 음악을 고려할 때 대부분 선곡 위주로 생각합니다. 그보다 먼저 고려할 부분은 볼륨입니다. 음악 선곡은 개인 취향의 문제이지만 적당하지 않은 크기의 볼륨은 누구에게나 불편감을 주기 때문입니다. 이렇게 중요한 카페 음악의 기획 방법의 3가지 포인트를 제시합니다.

첫째, 플레이리스트를 찾아 그냥 음악을 틀기보다 좀 귀찮더라도 한 곡 한 곡 선곡하는 것을 추천합니다. 카페 음악은 매일 바뀌는 것이 아니니 한 번 선곡해두면 몇 달 동안이나 쓸 수 있습니다. 보통 음악에 신경쓰는 카페가 낮시간과 밤시간에 다른 음악을 플레이하는 것을 볼 수 있습니다. 조금 귀찮더라도 고객 방문시간대 행동 패턴에 따라 선곡을 다르게 할 것을 제안합니다.

조용한 오전 시간대에 책을 읽거나 노트북 작업을 하는 고객들이 오는 시간, 바쁜 점심 러시 타임, 담소를 나누는 오후 시간, 하루를 마무리하는 저녁 시간대가 있습니다. 시간대별로 음악 선곡을 다르게 하면 카페를 찾는 고객들의 목적에 최적화된 분위기를 선사할 수 있습니다.

본인의 카페 브랜딩에 맞는 선곡이 어려울 때 쓸 수 있는 방법은 본인의 카페와 이미지가 비슷한 영화를 선정해 그 영화의

OST 음악이나 비슷한 음악을 찾아 플레이하는 것입니다. 최신 가요 리스트로 플레이하는 분은 제 책을 읽는 분 중에 안 계시겠지요?

둘째, 음악에는 가사가 없거나 가사가 있다면 외국어 가사로 선곡합니다. 음악 가사가 들리면 카페를 방문한 손님들이 책을 읽거나 업무를 보거나 친구와 대화를 나누는 행동에 간섭을 일으킵니다. 그러니 가능하면 가사가 없는 연주곡이나 외국어 가사곡으로 선곡하는 것을 추천합니다.

셋째, 음악 소리는 60데시벨을 넘지 않도록 조절합니다. 특히 카페를 북카페나 조용한 쉼이 가능한 카페로 아이덴티티를 고려한다면 이 부분의 가이드라인을 꼭 만들어야 합니다. 볼륨은 '사운드 미터 Sound meter'라는 어플을 다운로드받아 어렵지 않게 측정할 수 있습니다.

여기서 주의할 점은 스피커 앞에서는 시끄럽고 멀리서는 너무 조용한 경우입니다. 따라서 스피커의 위치나 높이를 조절해 카페 전체적으로 비슷한 데시벨의 음악 소리가 나오게 하는 것이 좋습니다. 카페 내부의 음악 소리가 60데시벨을 넘는 위치에 있는 손님들은 음악 소리 때문에 대화하는 데 간섭을 느낄 수 있습니다. 그 위치에서 1~2시간 동안 대화를 나누고 나면 카페를 나서면서 뭔지 모를 스트레스가 느껴질 겁니다.

넷째, 음질은 가능하면 최상의 음질로 만드는 것을 추천합니다. 시스템에 따라 다르지만 블루투스로 연결해 플레이하는 것보다 유선으로 음원과 앰프, 스피커를 연결하는 것이 좋습니다. 중고를 구매하더라도 가능하면 더 상위 레벨의 스피커를 구매하는 것이 좋습니다. 최근 하이엔드 오디오를 설치하는 카페들도 있는데 그런 곳에서 커피를 마시는 것은 정말 큰 행복이 아닐 수 없습니다.

다섯째, 저작권입니다. 한국음악저작권협회 규정에 따르면 66m²(약 20평) 이하 카페는 저작권 사용료를 내지 않고도 음악을 틀 수 있습니다. 다만, 그 이상 공간은 저작권협회 사이트를 방문해 사용료를 결제하고 음악을 틀어야 합니다. 자세한 안내는 저작권협회 홈페이지 komca.or.kr를 참고하면 됩니다.

백색소음으로 불리는 대화나 기타 소음에 대해서는 상당한 주의가 필요합니다. 잘못하면 손님들이 '아, 그 시끄러운 카페?'라고 기억하게 만드는 주범이 됩니다. 그렇다고 손님에게 조용히 해달라고 부탁하기도 애매합니다. 그래서 '흡음' 개념을 카페에 적용할 필요가 있습니다. 흡음은 인테리어 시공 때 흡음 기능이 포함된 마감재로 시공하는 방법과 가구, 오브제, 패브릭을 활용해 추가적으로 흡음하는 방법이 있습니다.

소리가 벽이나 가구에 부딪혀 반사되지 않도록 하는 것이 기본적인 개념입니다. 흡음 석고보드의 경우, 스타벅스나 대형 카페의 천장에 많이 시공되고 있는데 벽이나 천장 마감을 못하는 경우도 있습니다. 저희 회사가 위치한 성수동은 공장을 카페로 바꾼 곳이 많아 콘크리트 마감이 되어 있어 소리가 울리는 문제가 있습니다. 이런 경우, 패브릭 소재의 의자를 쓰거나 의도적으로 대형 식물이나 커튼 등을 설치해 흡음하게 됩니다.

시끄러움을 즐기기 위해 카페를 방문하는 사람은 없을 겁니다. 친구와 담소를 나누기 위해, 책을 읽기 위해, 노트북 작업을 하기 위해, 혼자 생각을 정리하기 위해 카페를 방문합니다. 그러므로 카페에서는 손님에게 불필요한 소음을 줄이는 것이 매우 중요합니다. 60데시벨을 넘지 않도록 조절해야 하며 50데시벨 정도가 손님이 독서하는 데 적당합니다.

04

카페 브랜딩의 제3요소: 마케팅

마케팅은 어렵습니다. 어떤 형태의 마케팅이든 성과에 신경 안 쓰고 단순히 하나의 업무라고 생각한다면 모르겠지만 성과를 낼 수 있는 마케팅, 특히 예산과 인력이 매우 한정적인 상황에서의 마케팅은 쉽지 않습니다. 마케팅은 해당 분야에 대한 깊은 지식이나 개인의 타고난 능력 둘 중 하나는 탁월해야만 쉽게 진행되는데 둘 다 없으면 당연히 결과는 좋지 않다고 봐야 합니다.

기업에서 마케팅 업무를 주로 담당하는 마케터들조차 칭찬 들을 만한 아이디어 한두 개를 내기가 쉽지 않은데 이전까지 다른 일을 하던 사람이라면 본인 카페를 오픈한다는 이유만으로 갑자기 마케팅 지식이 쌓이거나 아이디어 천재가 되는 것은 아닐 테니 마케팅과 관련해 다소 어려운 상황에 놓이는 것은 당연합니다.

더구나 카페를 오픈하는 과정에서 시간을 들여야 할 일이 너무나 많습니다. 인테리어 회사가 있더라도 시공 과정에서 계속 협의를 해야 하니 수시로 현장에 와야 할 일이 많습니다. 더욱이 반셀프로 시공할 경우, 현장에 거의 붙어 있다시피 해야 합니다. 따라서 카페 오픈을 준비하면서 마케팅을 배우는 데 시간을 따로 내기는 쉽지 않습니다. 낼 시간이 있더라도 본인의 카페 운영을 위해 어떤 분야를 어떻게 학습해야 할지 너무나 막연합니다. 그래서 다른 분야보다 특히 마케팅은 카페를 오픈하는 사장이 하기는 해야겠는데 어떻게 하는 것이 좋을지 결정하기 어려운 난제입니다.

네, 마케팅은 쉽지 않다는 데서부터 시작합니다. 그러니 카페 오픈이 임박했거나 오픈 후 달리는 차 안에서 지도를 보면 안 됩니다. 출발 전 정차한 차 안에서 충분히 고민과 학습을 하고 카페가 오픈되면 달리는 차 안에서는 올바른 방향으로 제대로 가고 있는지 점검하고 수정하기에도 버거울 겁니다.

여러분이 카페 사장으로서 마케팅 분야에서 꼭 학습해야 할 부분을 이 책에서 설명하겠습니다. 더불어 본인의 카페 마케팅의 의사결정권자이자 기획자이자 실무자로서 앞으로 만나게 될 수많은 난제를 대할 때 필요한 몇 가지 원칙을 설명하겠습니다.

마케팅의 기본적인 4가지 이해

 개인 카페 사장은 모든 일을 할 수 있어야 한다고 말합니다. 커피와 디저트 제조는 물론 고객응대, 공간관리, 세무, 인사와 같은 관리업무까지 모두 할 줄 알아야 합니다. 그리고 마케팅도 당연히 사장이 주로 담당해야 합니다. 카페 규모가 커져 직원이나 파트타이머가 근무하면 커피와 디저트는 그들에게 맡길 수 있지만 마케팅은 맡길 만한 직원을 채용하는 것이 쉽지도 않고 사장만큼 카페의 아이덴티티를 깊이 알고 일관되게 반영해 마케팅을 실행할 사람도 드뭅니다.

 따라서 개인 카페를 준비한다면 당연히 커피와 디저트가 우선 기획과 연구 대상이겠지만 길게 보면 마케팅 업무, 특히 제작을 제외한 마케팅 기획은 다른 사람으로 대체할 수 없는 사장 본인의 업무가 된다고 생각하고 깊은 관심을 가지고 학습하고 준비해야 합니다. 학습하고 싶은데 방향을 찾지 못했다면 굳이 '카페 마케팅'이라는 키워드로 책이나 학습 과정을 찾지 말고 팝업 스토어나 브랜드 공간 마케팅, SNS 마케팅으로 학습해 본인의 카페에 어떻게 적용할지 고민할 필요가 있습니다.

그리고 무엇보다 카페 마케팅에는 기본적인 4가지 포인트가 있습니다. 마케팅은 흔히 기발한 아이디어가 핵심 중 핵심이라고 생각하는 분들이 많습니다. 물론 기발한 아이디어가 필요 없다는 것은 아니지만 마케팅의 기획·실행에서 가장 중요한 것은 핵심내용과 구도를 올바로 이해하고 방향에 맞게 진행하는 것입니다. 따라서 먼저 카페 마케팅에서 본질이라고 할 수 있는 4가지를 설명하고 이어서 실무적인 방법을 설명하겠습니다.

```
        브랜딩을          매력적인
      반영한 마케팅       마케팅 소재

            카페 마케팅의
              4가지 본질

        고객의           온라인 마케팅
       기분 좋은              vs
         참여          오프라인 마케팅
```

| 브랜딩을 반영한 마케팅

앞에서 말했듯이 마케팅은 기본적으로 브랜딩을 바탕으로 상품과 서비스 판매를 위한 전략과 실행이라고 할 수 있습니다. 여기서 '브랜딩을 바탕으로'라는 것은 마케팅은 매출이 목적인 활동이지만 결국 그 최종 목적은 본인 카페 브랜드의 아이덴티티를 고객이 이해하고 기억해 고객의 삶에 의미 있는 브랜드로 간주되는 것입니다. 그래서 단기적 매출을 위한 마케팅 활동을 오히려 하지 않는 브랜드도 꽤 많습니다.

일부 화장품 브랜드의 경우, 할인이나 샘플 증정 같은 마케팅은 하지 않습니다. 당장의 매출 증가나 고객 방문에 도움이 되더라도 마케팅이 브랜딩 범위 내에서 진행되지 않으면 결국 브랜드에 해를 끼치는 마케팅으로 보기 때문입니다. 즉, 마케팅은 매출 증가와 브랜딩 2가지 관점 모두 고려해야 합니다.

마찬가지로 카페 마케팅에도 본인 카페의 아이덴티티가 녹아들어 있어야 합니다. 앞으로 카페를 오픈하고 본인 카페의 아이덴티티와 관련 없는 마케팅을 할 때도 있을 겁니다. 단기적인 활동은 그럴 수도 있지만 장기적인 관점에서 모든 마케팅 활동을 브랜딩의 일부로 생각하고 본인 카페의 아이덴티티를 담은 활동들이 연속적으로 진행되는 것이 좋습니다.

예를 들어, 작업실이라는 아이덴티티를 가진 카페라면 다른 카페들처럼 주로 맛있어 보이는 메뉴의 사진을 콘텐츠로 인스타그램에 게시하기보다 실제로 그 카페에서 하는 작업 내용의 고객 인터뷰를 담거나 간단한 설문조사를 통해 비슷한 취향이나 작업의 고객을 발굴해 작업에 도움이 되는 미니 북토크를 열 수도 있을 겁니다. 미니 북토크는 테이블 하나당 6~8명이 참석할 겁니다. 이때 중요한 것은 참석자 수가 아니라 그런 미니 북토크를 개최한다는 사실을 인스타그램에 공지하고 포스터를 카페 내부에 부착해 비참석자들에게도 그 카페의 아이덴티티를 얼마나 인터랙티브하게 전달하고 있는지 느끼게 해주는 것입니다.

반대로 카페가 업무나 책과 아무 관련이 없는 아이덴티티를 가졌다면 굳이 북토크나 독서 모임과 같은 형태의 마케팅을 진행할 필요는 없다고 봅니다. 카페에서 이런저런 테마로 모임을 정해 진행하는 것 자체는 당연히 고객들의 카페 방문을 유도해 나쁠 게 없겠지만 본인 카페와 상관없는 테마의 모임들이 지속되면 본인 카페의 아이덴티티를 고객들이 혼동할 수 있습니다. 더욱이 카페의 아이덴티티를 담을 수 있는 다른 형태의 마케팅을 하기에도 비용과 시간이 부족하므로 선택과 집중이 필요합니다.

꼭 필요한 마케팅 소재

효과적인 마케팅을 위해서는 소재가 꼭 필요합니다. 여기서 소재란 마케팅할 대상이나 이야깃거리입니다. 효과적인 마케팅에 소재가 꼭 필요한 이유는 고객들에게 이야깃거리가 있어야만 적은 비용으로 높은 성과를 거둘 수 있기 때문입니다. 또한, 소재가 있어야만 위에서 말한 브랜딩을 반영한 마케팅이 가능하기 때문입니다.

예를 들어, 삼립에서 기존 제품의 6배 크기인, 생일 케이크로도 사용할 만큼 거대한 크림대빵이 출시된 적이 있습니다. 소재 자체가 이슈가 될 만하다 보니 한정판이었는데도 인스타그램에 제품명 해시태그가 5천 개 이상 노출될 정도로 큰 화제가 되었습니다. 물론 제조사인 삼립에서도 마케팅 활동을 했지만 고객들도 인증샷을 올리는 등 적극적으로 자발적인 바이럴 마케팅에 참여했습니다. 이렇게 마케팅 소재가 명확하면 비용 대비 높은 성과를 거둘 수 있습니다.

반대로 마케팅 소재가 아예 없거나 주목받기에 매력도가 낮으면 과도한 마케팅 비용이 지속적으로 들어가야 하는 경우가 발생합니다. 흔히 볼 수 있는 가격할인이나 '1+1' 행사는 특별한 맥락이 없는 고객 혜택 이벤트입니다. 마케팅 소재가 없다 보니 고객의 관심과 구매를 억지로 유도하기 위해 '가격'이라는 가장 쉽고도 위험한 요소를 이용하고 있습니다. 여기서 '위험하다'라는 것은 아무 맥락 없이 진행되는 가격할인 혜택이 고객들에게는 '할인된 가격이 정상가격 아닐까?' '조만간 가격을 더 내리지 않을까?'라고 의심하게 만드는 경향이 있다는 뜻입니다.

어떤 브랜드의 오픈 1주년 기념 선물증정 이벤트도 1주년이라는 마케팅 소재가 있지만 사실 고객들은 어떤 브랜드가 1주년이 되었는지 2주년이 되었는지에는 관심이 없습니다. 매력도가 낮은 마케팅 소재이다 보니 1주년을 알리기 위해 선물증정이라는 혜택을 들고나온 겁니다. 마케팅 소재의 매력이 떨어지면 고객의 관심을 끌기 위해 고객에게 금전적으로 보상하는 경우가 생깁니다. 문제는 이렇게 학습된 고객들은 그 브랜드의 마케팅을 더 이상 진지하게 보지 않고 혜택만 챙기려는 소위 '체리피커'로 전락하기 쉽다는 것입니다.

카페 마케팅에서도 소재가 꼭 필요합니다. 카페 마케팅에 대해 적립금, 네이버플레이스 광고, 인스타그램 노출 광고, 블로거나 인플루언서 초청 4가지 방식을 보통 생각하는데 이 4가지 방식의 공통점은 소재 없이도 진행할 수 있다는 것입니다. 앞에서 설명했듯이 소재가 없으면 고객의 관심을 끌기 위해 과다한 비용이나 고객 혜택을 제공해야 합니다. 운이 좋으면 그 효과는 단기적으로는 매출 증가로 이어지겠지만 문제는 비용이 계속 집행되어야 한다는 것입니다. 따라서 위의 4가지 방식으로 마케팅을 진행하더라도 본인 카페만의 매력적인 소재를 만들어놓아야만 적은 비용으로 높은 성과를 거두고 브랜딩에 도움이 되는 마케팅을 진행할 수 있습니다.

그런데 문제는 다른 카페에도 있는 메뉴, 비슷한 인테리어, 비슷한 고객 혜택 안에서는 본인 카페만의 매력적이고 차별화된 마케팅 소재를 찾아내기 어려울 수도 있다는 것입니다. 따라서 가장 중요한 것은 카페를 오픈하기 전부터 본인 카페만의 차별화된 포인트를 만들어내는 것입니다. 그래서 카페 브랜딩의 필요성을 제가 계속 강조하는 겁니다.

카페 브랜딩이 명확해지면 마케팅 소재가 될 만한 본인 카페만의 이야깃거리들이 자연스럽게 보일 겁니다. 제가 아는 한 카페 사장은 식기류를 함께 판매하는 주방 소품샵 컨셉의 카페를 운영하다 보니 그 샵에서 새로 진열되는 식기루들이 훌륭하고 지속적인 마케팅 소재가 되고 있습니다.

고객의 기분 좋은 참여

한 디저트 카페에서 크림이 들어가지 않은 비건 고구마 케이크를 신제품으로 만들었다고 생각해봅시다. 비건 케이크에는 흔히 맛있게 느껴지는 식재료들이 빠져 있다 보니 맛을 내는 것이 상당히 어려워 그 카페 사장도 여러 번 실패를 거쳐 겨우 완성하게 됩니다. 그리고 고객들에게 인스타그램과 카페 내부의 포스터로 이렇게 공지합니다. '저희가 건강하고 맛있는 비건 고구마 케이크를 만들고 싶어 두 달 동안 정말 열심히 최선을 다해 만들어봤습니다. 그런데 아직 좀 부족한 것 같아 고객 여러분께서 맛을 보시고 의견을 주시면 꼭 반영해 정말 좋은 디저트로 만들어보겠습니다.'

그리고 인스타그램 DM이나 카페 안에 비치된 작은 엽서로 신청을 받고 몇 명을 선정해 시식 평가를 위해 디저트를 제공합니다. 이렇게 참여하게 된 고객들은 궁금해질 겁니다. '그 디저트가 신메뉴로 잘 출시되었나?' '내 의견이 반영되었을까?' 마치 지인이 하는 카페에 가질 만한 관심과 애정을 보일 겁니다. 신청

했지만 참여하지 못한 고객들도 그 정도까지는 아니더라도 '아, 이 카페는 정말 열심히 노력하는구나!' '고객들고- 소통하려고 뭔가 사부작사부작 재미있게 하는 카페네!'라는 좋은 인상을 가질 겁니다.

이번에는 다른 예를 생각해볼까요? 디저트 카페에서 매출을 높이기 위해 특정 기간 동안 디저트를 주문한 고객 중에서 10명을 선정해 3만 원짜리 기프티콘을 보낸다고 생각해봅시다. 평소 디저트를 먹지 않던 고객들이 공지를 보고 디저트를 새로 구매해 단기적으로 매출 증가가 일어날 수 있습니다. 그런데 참여하는 고객의 마음은 어떨까요? '꼭 당첨되어 3만 원짜리 기프티콘을 받았으면 좋겠다!'라고 생각할 겁니다.

위의 비건 고구마 케이크 사례에서 참여 고객들은 카페를 생각하고 다음 기프티콘 사례에서는 자신을 생각합니다. 둘 다 비용이 들어가는 마케팅이지만 참여하는 고객들의 마인드는 전혀 다릅니다. 이렇게 고객이 참여하는 마케팅은 브랜드에 대한 친근함을 고객에게 심어주고 고객 자신이 그 브랜드를 위해 뭔가 의미 있는 도움을 준다고 생각하고 기분 좋게 참여하게 됩니다.

저희 동네 마트에서는 특정 기간에 가끔 선물행사를 진행합니다. 일정 금액 이상 구매한 고객의 영수증에 개인정보를 적어 제출하면 추첨해 선물을 준다고 합니다. 제가 보기에는 선물비용이 꽤 커 보이는 경우가 많습니다. 심지어 자동차를 경품으로 내건 적도 있습니다. 물론 당장에는 매출 증가에 도움이 되겠지만 언제까지 이렇게 구매 혜택에 한정된 방법만 지속하는지 안타까울 때가 있습니다. 오히려 저는 마트에 있었으면 좋겠다고 생각하는 코너를 고객들에게 제안해달라는 캠페인을 진행하고 좋은 의견을 낸 고객에게는 마트 무료이용권을 증정하는 게 낫겠다고 생각합니다.

마트 입장에서는 고객들이 무엇을 원하는지 알게 되어 좋은 아이디어 발굴 기회가 되고 고객 입장에서는 그동안 없어서 다른 동네에 갔던 코너를 자신의 동네 마트에서 만날 수 있습니다. 그리고 실제로 어떤 코너가 생긴다면 그 아이디어를 낸 고객은 "저저 내가 낸 아이디어야. 정말 생겼네."라며 가족에게 자랑할 겁니다.

마케팅을 꽤 잘한다고 느끼는 기업들의 인스타그램을 보면 다양한 마케팅을 전개하고 있습니다. 많은 기업이 고객참여형 마케팅을 전개하고 있으니 좋은 레퍼런스를 쉽게 볼 수 있습니다. 레퍼런스를 참고해 본인의 카페에서 진행할 수 있는, 고객들이 기꺼이 기분 좋게 참여해줄 만한 레퍼런스로 어떤 것이 있을지 진지하게 고민해볼 필요가 있습니다.

온라인 마케팅 vs 오프라인 마케팅

 카페 마케팅은 온라인 마케팅과 오프라인 마케팅으로 나뉩니다. 마케팅 회사에서는 이것을 '미디어 믹스Media mix'라고 부릅니다. 마케팅의 경로, 방식, 비용, 일정을 구체적으로 계획하는 것으로 맨 첫 단계는 경로, 즉 인스타그램, 유튜브, 잡지, 신문, 팝업스토어, 플리마켓 등 마케팅을 전개할 온라인·오프라인상 최적의 경로를 선정하는 것입니다. 카페 마케팅도 어떤 경로에서 마케팅할 것인지 먼저 고민해봐야 합니다. 카페에 따라 온라인·오프라인 경로의 가중치가 다를 겁니다. 각 경로마다 기대효과와 장·단점이 있기 때문입니다.

 먼저 온라인 경로의 대표적인 매체로는 인스타그램, 유튜브, 블로그, 네이버플레이스, 홈페이지, 커뮤니티를 생각해볼 수 있습니다. 기본적으로 온라인은 전국적으로 노출되는 매체이므로 광범위한 고객을 대상으로 마케팅하기에 적합합니다. 물론 인스타그램의 경우, 지역을 한정해 광고 집행이 가능하지만 기본적인 노출은 지역 범위의 한계가 없습니다. 따라서 온라인 경로의 마케팅은 전국의 고객을 대상으로 한다고 보면 됩니다.

예를 들어, 본인 카페에 있는 디저트를 온라인 스토어를 통해 전국의 고객에게 판매하는 것을 계획하거나 제주도에 있는 카페들처럼 전국에서 고객이 찾아오는 경우, 온라인 경로는 마케팅 경로로 적합하다고 할 수 있습니다. 하지만 동네 단골 고객이 주 타깃인 지역 카페의 경우, 온라인 경로에 비용을 들이면 비용 대비 기대성과가 낮은 경우가 많습니다. 따라서 지역 카페의 경우, 온라인 경로를 고객과의 소통 채널 정도로만 인식하고 너무 큰 비용을 집행하지 않는 것이 좋습니다.

온라인 마케팅 비용은 크게 제작비와 광고머체비로 나눌 수 있습니다. 마케팅 대행사에 업무를 의뢰한다면 제작비와 광고매체비, 광고운영 수수료를 지불해야겠지만 본인이 직접 실행한다면 제작비와 광고운영 수수료를 아낄 수 있습니다. 따라서 반드시 비용을 절감해야 하는 상황이라면 책, 유튜브, 온라인 강의를 통해 학습하고 온라인 마케팅을 직접 실행해보는 것이 좋습니다.

어린 초등학생부터 연세가 있는 어르신들까지 유튜브로 영상을 촬영하고 편집해 인스타그램에 콘텐츠를 올리는 시대입니다. 누구나 열심히 학습하면 뛰어난 마케터까지는 아니더라도 본인의 모든 것이 담긴 본인의 소중한 카페를 알리는 내 카페 전담 마케터는 충분히 되리라 확신합니다.

오프라인 마케팅은 카페처럼 공간을 기반으로 하는 비즈니스에 매우 적합하고 중요한 마케팅입니다. 온라인 마케팅보다 공간 방문에 더 초점을 맞춰 계획하게 됩니다. 저희 회사에서는 삼성스토어 여러 지점에서 쿠킹클래스를 진행한 적이 있는데요. 주부뿐만 아니라 아이들, 아빠, 20~30대 미혼 남녀 등 타깃 고객층이 다양했습니다. 다양한 고객의 매장 방문을 유도해 삼성 가전을 체험하고 좋은 기억을 간직해 향후 구매 기회를 제공할 목적의 마케팅 프로그램이었습니다. 이렇게 오프라인 마케팅은 궁극적으로 고객의 재방문을 목표로 해야 합니다. 당장 매출 증가에 도움이 되는 마케팅도 좋지만 고객이 계속 재방문하도록 유도해 단골고객으로 만든다는 생각으로 좀 더 긴 호흡으로 고민해볼 필요가 있습니다.

오프라인 마케팅의 목적이 고객의 재방문과 단골고객 만들기이다 보니 지역에 한정된 동네 카페에서 더 중요합니다. 따라서 온라인 마케팅보다 오프라인 마케팅은 그 카페가 위치한 지역과 주변 고객에 대한 충분한 분석과 고민이 꼭 필요합니다. 카페 오픈 전부터 브랜딩을 통해 본인 카페의 타깃을 미리 정하고 그에 맞는 입지를 찾아본다면 오픈 후에도 일관성 있게 오프라인 마케팅을 계속 진행할 수 있습니다.

문제는 그런 과정 없이 입지가 결정되면 주변의 지역적 특색이나 고객이 본인 카페의 아이덴티티와 무관해져 오프라인 마케팅을 기획하는 것이 상당히 애매해질 수 있다는 것입니다. 그래서 결국 방문고객에 대해 구매적립이라는 혜택 아닌 혜택 이외에는 뾰족한 오프라인 마케팅을 진행하지 못하는 경우가 많습니다. 따라서 오프라인 마케팅도 카페 브랜딩이라는 큰 축에서 진행되어야 한다는 것을 다시 한번 강조합니다.

온라인 마케팅 심화

 카페에서 마케팅에 활용할 만한 온라인 매체로는 인스타그램, 유튜브, 블로그, 네이버플레이스를 생각해볼 수 있습니다. 이 책에서는 인스타그램에 대해서만 심화로 설명할 예정인데 그럴 만한 몇 가지 이유가 있습니다.

 유튜브는 숏츠도 있지만 기본적으로 인스타그램에 비해 영상 러닝타임이 긴 편입니다. 그래서 직접 운영하기에는 소요되는 영상 촬영·편집 시간이 꽤 길고 이미 상당한 수준의 채널이 많다 보니 그 수준까지 영상 촬영·편집 노하우를 익히는 것이 쉽지 않습니다. 블로그도 마찬가지인데요. 인스타그램이 이미지 위주의 단문 매체라면 블로그는 글 위주의 장문 매체입니다. 카페를 오픈한 후 빨리 콘텐츠를 만들고 순발력 있게 공유하기에는 유튜브, 블로그 둘 다 쉽지 않은 매체입니다.

네이버플레이스는 본인 카페의 정보를 보여주는 가장 기본적인 플랫폼입니다. 따라서 매우 정확하고 매력적으로 게시할 필요가 있습니다. 많은 사람이 각종 매체를 통해 네이버플레이스 노출도를 높이는 방법을 알려주고 있습니다. 물론 대부분 꼭 필요한 내용이지만 저희 회사에서 서울의 6개 주요 거점지역을 선정해 네이버플레이스에 상위 노출된 카페들을 분석해보니 광고를 제외하면 네이버플레이스 자체에 대한 세팅만으로 상위 노출되기보다는 오히려 인스타그램을 통한 네이터플레이스 유입으로 트래픽이 연결되어 클릭 수가 많은 카페가 상위 노출되는 공통점을 발견했습니다. 그렇다고 네이버플레이스 세팅이 중요하지 않다는 말은 아닙니다. 다만, 심혈을 기울여 일단 세팅했다면 이후에는 인스타그램을 통한 마케팅을 잘 진행해나갈 필요가 있다는 뜻입니다.

또 하나 꼭 말씀드리고 싶은 것은 광고입니다. 인스타그램 광고의 경우, 적은 비용으로도 정교한 타깃팅이 가능합니다. 인스타그램은 광고 타깃을 설정할 때 서울 지역으로 설정할 수도 있으며 본인이 있는 반경 5km 내 사람들에게 노출되는 설정도 가능합니다. 성별, 연령별 관심사도 추가해 광고 설정할 수 있으니 지역 카페의 경우, 적은 비용으로 광고 집행을 하기에 적합한 매체입니다. 그래서 제가 다음에 인스타그램에 대한 좀 더 심화된 전략을 알려드리겠습니다.

| 인스타그램 마케팅 설계 전략

많은 사람이 좋아하는 입욕제로 유명한 화장품 브랜드 '러쉬'는 2021년 11월 인스타그램 운영을 중단했습니다. 소셜미디어로 인해 생기는 폐해가 '러쉬'라는 브랜드의 아이덴티티와 안 맞기 때문입니다. 현재까지도 '러쉬'는 소셜미디어의 문제점을 지적하는 게시물 몇 개만 올릴 뿐 인스타그램 운영을 하지 않고 있습니다. 그렇다고 우리도 인스타그램을 폐쇄하자는 말은 당연히 아닙니다. 인스타그램을 폐쇄하는 것조차 브랜딩의 인스타그램 전략이 될 수 있다는 것을 말하고 싶습니다.

카페를 오픈하면 인스타그램은 당연히 해야 하는 것이고 카페 인테리어와 메뉴 사진을 올리는 것이 정석이라고 생각할 수 있습니다. 틀린 생각은 아니지만 인스타그램을 좀 더 넓게 고민해보면 좋겠습니다. 인스타그램은 책 표지와 같으므로 책 내용과 상관없이 예쁘게만 만든다고 의미가 있는 것은 아닙니다. 디자인이 예뻐야 하는 것은 기본이고 책의 본문도 충실히 표현해야 합니다. 카페의 인스타그램이 카페의 아이덴티티를 담지 못했거나 심지어 왜곡해 담아내고 있다면 인스타그램을 굳이 꼭 운영할 필요는 없다고 생각합니다.

다만, 현 시점에서 가성비가 가장 뛰어난 마케팅 채널이므로 최대한 이용하는 것은 중요하지만 카페의 아이덴티티를 온전히 담아내야 한다는 점을 다시 한번 강조하고 싶습니다. 인스타그램을 카페 마케팅에 효과적으로 활용하기 위한 3단계 과정을 설명하겠습니다.

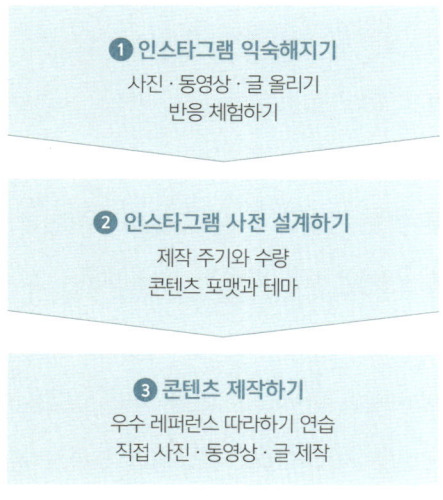

인스타그램 마케팅 설계 전략

- **1단계: 인스타그램 익숙해지기**

    1단계로 인스타그램에 익숙해질 필요가 있습니다. 여기서 '익숙하다'라는 것은 인스타그램을 자주 본다는 뜻이 아니라 사람들이 어떤 콘텐츠에 어떤 반응을 보이는지를 콘인이 느낀다는 뜻입니다. 보통 '감을 잡는다'라고 말하는데 본인이 만든 게시물에 사람들이 보인 반응을 분석해보고 그 반응을 제작에 반영해 성과를 예측해보는 것입니다. 그러니까 사진, 동영상, 글에 사람들이 보이는 반응을 본인이 직접 충분히 느껴야 합니다.

    그런데 일반적으로 보통의 분들은 인스타그램을 그리 활발히 하고 있지는 않습니다. 예를 들어, 일정을 세워 사진과 동영상을 일주일에 서너 개씩 올리거나 어떤 콘텐츠를 미리 만들 계획을 세우거나 제작하진 않습니다. 그런데 사업자가 되어 인스타그램을 마케팅 채널로 활용하는 순간부터 인스타그램에 대한 관여도가 갑자기 확 늘어날 겁니다. 그러므로 1단계에서는 인스타그램에 충분히 익숙해져 나중에 인스타그램에 대한 관여도가 확 늘어났을 때 본인이 그것을 감당할 정도의 감각과 순발력을 미리 조금씩 키우는 것이 매우 중요합니다.

- **2단계: 인스타그램 사전 설계하기**

    2단계로 인스타그램에 대한 사전 설계를 진행합니다. 사전 설계는 몇 가지 관점에서 진행해야 합니다.

    첫 번째는 제작 주기와 수량 설계입니다. 제가 추천하는 제작 주기와 수량은 일주일에 세 건 정도입니다. 세 건을 넘어 네다섯 건을 거의 일주일 내내 올리면 보는 사람들의 피로도가 증가할 수 있고 콘텐츠가 너무 자주 올라오면 조금 우려스러운 오해가 생길 수도 있습니다. 즉, 이 사장은 본인 카페의 진정성을 보여주려는 게 아니라 '인스타그램을 하기 위해 인스타그램을 하는 것 아닌가?'라는 느낌을 줄 수도 있다는 겁니다. 그래서 일주일에 많지도 적지도 않은 세 건 정도를 추천하는 겁니다. 물론 카페마다 상황이 다르므로 올리는 횟수는 상황에 맞게 조절하는 것이 가장 좋습니다.

    두 번째는 포맷 설계입니다. 인스타그램은 사진, 영상, 글 3가지 포맷으로 소통하는 채널입니다. 어떤 포맷으로 콘텐츠를 제작할지 미리 결정해야 합니다. 콘텐츠마다 사진이나 영상으로 표현해야 할 경우가 있을 텐데 일반적으로 성과는 영상이 사진보다 높습니다. 이것을 '유기적 도달 Organic reach'이라고 부릅니다. 광고를 집행하지 않았지만 본인이 올린 콘텐츠를 자연스럽게 보게 되는 사람 수를 뜻합니다. 팔로워가 100명이라도 본인이 올린 콘텐츠를 100명이 모두 보는 것은 아니며 사진보다 영상이 더 많은 사람에게 도달됩니다.

세 번째는 콘텐츠 설계입니다. 즉, 담을 내용에 대한 설계입니다. 그동안 인스타그램을 했다면 왜 했는지 가만히 생각해보면 우리가 우리 일상의 다반사를 올리고 또 다른 사람들의 일상의 다반사를 보기 위해서 아니었을까요? 그런데 전혀 모르는 사람의 일상의 다반사에도 관심이 있나요? 요즘 지인들이 어떻게 지내는지에조차 관심을 가지기 힘들 정도로 우리는 매우 바쁩니다. 친구가 인스타그램에 올린 아기 사진에 '좋아요' 한 번 눌러주기도 바쁜데 전혀 모르는 사람들의 일상의 다반사를 보고 '좋아요'를 누르고 댓글을 달아주기는 쉽지 않을 겁니다.

본인이 카페를 오픈하고 나서 본인 카페의 일상의 다반사를 인스타그램에 올린다고 해서 전혀 모르는 사람들이 관심을 가질 리 만무합니다. 그러므로 관심을 끌고 매력적인 콘텐츠를 반드시 발굴해야 합니다. 일반적으로 주요 콘텐츠로 카페의 인테리어나 메뉴를 생각합니다. 뛰어난 카페들이 워낙 많아 상향 평준화된 대중의 눈높이에 본인 카페의 인테리어와 메뉴가 매력적으로 보일지 객관적으로 냉정히 생각해봐야 합니다. 만약 인테리어와 메뉴가 큰 매력 포인트가 아니라면 인스타그램에 어떤 콘텐츠를 담아야 할지 찾아보고 고민해봐야 합니다. 뒤에서 몇 가지 방향성을 제시하겠습니다.

- **3단계: 콘텐츠 제작하기**

3단계는 인스타그램 콘텐츠 제작입니다. 이제 실제 촬영과 편집, 글쓰기를 해야 합니다. 카페 대표인 본인이 직접 할 수도 있고 앞장에서 제안했듯이 프리랜서를 활용해 제작할 수도 있습니다. 어느 방식이든 카페 인스타그램에 퀄리티가 우수한 사진, 영상, 글이 올라오면 됩니다. 프리랜서를 활용하기보다 본인이 직접 콘텐츠를 제작하고 싶다면 우수한 인스타그램들을 유심히 관찰하고 똑같이 따라 촬영하거나 글쓰는 연습을 꼭 해봐야 합니다.

　세상 대부분의 학습 과정이 그렇듯이 댄스를 배우는 가장 좋은 방법은 똑같이 따라 춤춰보는 연습을 하는 것이고 기타를 배우는 가장 좋은 방법도 훌륭한 연주를 똑같이 따라 해보는 연습입니다. 촬영도 마찬가지입니다. 훌륭한 구도와 색감의 사진과 영상을 보고 똑같이 촬영·편집하다 보면 어느새 높아진 퀄리티를 느낄 수 있을 겁니다.

　1가지 중요한 팁은 레퍼런스를 한 번만 보고 본인이 그것을 이해하고 암기했다고 생각하고 촬영을 해보는 오류를 범하지 말고 레퍼런스를 출력하거나 그것을 노트북에 띄워놓고 본인이 촬영한 사진·영상과 어떤 점이 다른지 실시간으로 계속 비교·확인해가면서 촬영해야 한다는 것입니다. 그동안 저가 수많은 푸드 스타일리스트와 촬영감독들을 성공적으로 트레이닝시킨 방식이니 꼭 한 번 해보는 것을 추천합니다.

| 트래픽을 끌기 위한 콘텐츠 기획의 6가지 포인트

　최근 기업들은 마케팅 비용을 주로 디지털 마케팅, 특히 SNS 관련 마케팅 비용으로 많이 지출하고 있습니다. 오프라인에서 진행되는 프로모션이나 TV 광고와 같이 매스미디어를 통한 비용 집행보다 가성비가 훨씬 좋기 때문입니다. '가성비가 좋다'라는 것은 결국 적은 비용으로 더 큰 성과를 거둘 수 있다는 뜻이니 개인 카페처럼 마케팅에 투입할 수 있는 비용이 매우 한정된 자영업에 적합한 마케팅 채널입니다.

　SNS 채널 중에서는 사용자가 가장 많은 채널인 인스타그램에 집중하면 됩니다. 그래서 인스타그램 학습이 꼭 필요하다고 제가 말하는 겁니다. 인스타그램은 사진, 영상, 글 3가지로 본인의 브랜드를 고객에게 전달합니다. 그러니 사진과 영상을 잘 촬영하고 글을 잘 쓰는 방법을 배워두면 큰 도움이 됩니다.

　그런데 인스타그램에서 사진과 영상을 촬영하고 글쓰기를 거의 해보지 않았거나 전혀 해보지 않은 사장이 카페를 오픈했다고 어느 날 갑자기 학습을 통해 활발한 콘텐츠 크리에이터가 되기는 불가능에 가깝습니다. 인스타그램 콘텐츠를 제작해야 하기 때문이 아니라 본인이 너무 좋아서 제작해야만 지치지 않고 꾸준히 양질의 콘텐츠를 만들어낼 수 있기 때문입니다.

그래서 카페 오픈 전인 지금부터라도 인스타그램 콘텐츠 만들기 학습을 시작하고 실제 제작도 즐겨가면서 해볼 것을 추천합니다. 본인에게 관심이 있는 지인들로부터도 호응을 못 받는다면 전혀 모르는 잠재고객으로부터 호응을 받기는 더더욱 어려울 겁니다. 그러므로 일단 지인들로부터 호응을 받는 인스타그램을 운영해보는 것이 필요합니다.

사실 사진·영상 촬영과 글쓰기는 단기간에 역량을 크게 높이는 것이 매우 어렵습니다. 물론 익숙해져 역량이 높아진다면 더없이 좋겠지만 그렇게 되지 못하더라도 인스타그램의 기본 개념, 제작 방식, 콘텐츠가 호응을 받는 원리는 꼭 학습해야 합니다. 나중에 본인이 직접 실무를 하든 기획만 하든 의사결정만 내리든 직접 해보지 않고서는 정확히 판단하기 어려울 것이기 때문입니다.

- **포인트 1: 힙한 디자인**

    누군가가 인스타그램을 운영합니다. 공동구매나 특별한 정보가 아닌 자신의 일상생활의 모습들을 올립니다. 그런데 내가 그 사람을 팔로우하고 그 사람의 사진에 '좋아요'를 누르고 있습니다. 우리는 어떤 경우에 전혀 모르는 사람의 인스타그램에 관심과 호감을 보이게 될까요? 몇 가지를 생각해볼 수 있습니다. 특별한 것이 아무것도 없는데 그냥 사진이 너무 예쁩니다. 집에서 커피를 컵에 담아 마시는데 그 컵이 너무 예쁩니다. 창가 옆 소파를 어디서 샀는지 물어보고 싶을 정도로 소파가 너무 예뻐 보입니다. 본인은 인스타그램에 그 사람이 올린 사진들을 보며 짧은 3초 동안의 행복을 느끼고 있습니다. 자꾸 보고 싶어집니다. 특별한 의미도 없는 일상의 다반사라도 보고 싶다는 생각이 들겠지요.

    카페도 마찬가지입니다. 어떤 카페의 디자인이 뛰어난 콘텐츠는 별 것 없는 일상의 다반사라도 자꾸 보고 싶어집니다. 다행히 카페에는 그럴 만한 요소가 상당히 많습니다. 그것을 어떻게 보여주느냐에 따라 별볼일 없는 요소들도 힙한 사진으로 보일 수 있습니다.

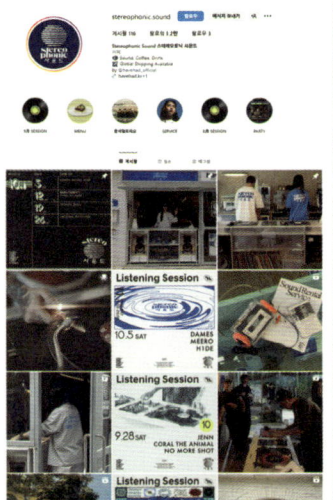

스테레오포닉 사운드
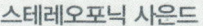

서울특별시 마포구 와우산로21길 6, 1층

홍대 근처에 있는 스테레오포닉 사운드는 패션 브랜드에서 런칭한 카페답게 감각적인 색감과 구도의 사진, 영상을 올리는 인스타그램으로 인정받고 있습니다. 2024년 1월 개설 이후 10개월 만에 팔로워 3만 명을 달성할 정도로 힙한 디자인의 카페 인스타그램입니다.

스틸라이프
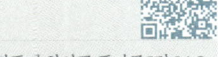

전북특별자치도 전주시 완산구 풍남문5길 24-2

스틸라이프는 전주에 있는 그림 작가님의 작업 공간이자 카페입니다. 와비사비 라이프 스타일을 지향하시는 작가님의 공간답게 세월의 흔적이 묻어있는 심플한 오브제들로 구성된 아름다운 카페 공간을 인스타그램에 감각적으로 담아내고 있습니다.

- **포인트 2: 팔로워를 부르는 좋은 정보**

　인스타그램으로 팔로워 수를 늘리는 가장 확실한 콘텐츠는 정보성 콘텐츠입니다. 푸드기업들의 인스타그램에서 가장 큰 반응을 끌어내는 콘텐츠는 레시피 콘텐츠입니다. 레시피는 푸드기업들이 고객에게 줄 수 있는 가장 매력적인 정보입니다. 우리가 흔히 팔로잉을 잘해두는 맛집 소개 관련 게시물도 정보성 콘텐츠입니다. 여행지, 패션, 육아 등 정보성 콘텐츠는 인스타그램에 가장 흔히 등장하는 인기 게시물입니다. 그만큼 자신에게 유익한 정보의 계정을 보면 사람들은 큰 거부감 없이 이후 정보들을 더 얻기 위해 팔로잉하게 됩니다.

　카페의 인스타그램도 고객에게 흥미로운 정보를 꾸준히 제공하면 팔로워 수를 쉽게 늘릴 수 있습니다. 카페가 줄 수 있는 정보는 1차원적으로는 카페 운영시간, 위치, 메뉴, 공간의 모습 등입니다. 사실 이런 것들은 별로 매력적이진 않습니다. 매력적인 정보란 고객에게 필요하고 지속적으로 반복해 제공되는 정보입니다.

파이오니어커피

🅞 pioneercoffee_

서울특별시 강동구 성내동 올림픽로 572, 1층

'파이오니어커피'는 커피 관련 논문을 바탕으로 한 깊이 있는 커피 지식에서부터 일상적인 홈 카페 팁까지 커피 관련 유용한 정보들을 지속적으로 인스타그램을 통해 전하고 있습니다.

카페 베란다

🅞 veranda_seoul

서울특별시 종로구 사직로10길 9-4

카페 '베란다'는 팔로워 수가 6천 명에 달하는, 서촌 내자동에 위치한 한옥 북카페입니다. 많은 책만큼 콘텐츠가 가득한 공간인데 '베란다에서 봄을'이라는 제목으로 원데이 클래스를 진행하고 있습니다. 인스타그램을 통해 지속적으로 카페 '베란다'의 소소한 공지사항과 클래스가 올라오고 있습니다.

- **포인트 3: 카페 대표가 크리에이터로**

　제가 사는 동네 근처에 젊은 남자 사장님이 운영하는 카페가 있는데 내부에는 작은 그림들이 조금 있습니다. "그 사장님, 원래 그림을 한 것 같다. 인테리어 감각도 꽤 좋은 것 같고."라고 제가 가족에게 말한 적이 있습니다. 여러분은 동네에 새 카페가 생기면 '사장님은 어떤 분일까?' 유심히 본 적 없나요? 사람들은 동네에 있는 카페에 무관심해 보이지만 사실 그 카페 사장님에게 모두 관심이 있습니다. 젊으면 젊은 대로 나이가 있으면 있는 대로 동네 카페 사장님에 대해 가족들끼리 한마디씩 할 겁니다.

　이제 카페를 오픈한 후 여러분이 손님들의 그 관심의 대상이 될 겁니다. 카페가 굉장히 많이 늘었지만 여전히 카페는 많은 사람에게 직접 운영해보고 싶은 동경의 장소입니다. 카페를 운영하는 사장님이 어떤 사람인지, 전에 무슨 일을 했는지 궁금해하는 손님들이 많습니다. 그러므로 카페 사장님 본인이 직접 등판해 1인칭 시점에서 카페 인스타그램을 운영하면 여러 가지 장점이 있습니다.

우선 그 카페가 가지고 있는 차별화된 콘텐츠 중에서 매우 대표적인 것이 사장님이기 때문에 몰입감 높은 콘텐츠가 될 수 있습니다. 그리고 본인의 카페가 가지고 있는 아이텐티티를 손님에게 직접 전달할 수 있다는 것도 매우 큰 장점입니다. 아무래도 사장님이다 보니 진정성 있게 전달될 가능성이 매우 큽니다.

필아웃커피
fillout_coffee
경기도 성남시 분당구 벌말로39번길 9 1층

카페 '필아웃커피'는 사장님이 인스타그램 동영상에 직접 출연해 상당히 다양한 콘텐츠를 제작해 보여주고 있습니다. 최근 게시된 릴스 동영상들은 조회 수가 2만 6천~23만 3천에 달할 정도로 매우 높은 수치를 보이고 있습니다.

- **포인트 4: 맛있어 보이는 맛집**

    푸드 관련 인스타그램에서 매우 중요한 콘텐츠는 역시 맛을 전달하는 콘텐츠입니다. 카페도 결국 커피와 디저트 같은 먹거리를 판매하는 공간이라고 본다면 인스타그램의 주요 콘텐츠로 맛있는 음식이 소재가 되는 것은 지극히 당연하고 중요한 것임에 틀림없습니다. 그런데 인스타그램은 스마트폰의 작은 화면으로 보기 때문에 음식 맛과 식감을 전달하기가 쉽지 않습니다. 그래서 본인 카페의 메뉴가 맛있어 보이도록 미리 알고 있어야 할 몇 가지 사항이 있습니다.

    음식 사진이나 영상을 촬영하는 구도는 크게 테이블 세팅 컷과 시즐 컷으로 나뉩니다. 테이블 세팅 컷은 음식과 그 음식이 놓인 주변을 함께 촬영하는 것으로 어떤 컨셉의 음식 상차림을 보여줄 때 주로 사용하는 방법입니다. 시즐 컷은 클로즈업으로 음식을 매우 가까이서 촬영하는 것으로 그 음식의 식재료가 강조되어 보이게 해줍니다. 따라서 맛을 전달하는 촬영에서는 시즐 컷이 더 적합합니다. 더 리얼한 맛 전달을 위해 시즐 컷에 조리되는 순간의 사운드를 추가하거나 크림, 치즈와 같은 흘러내림을 강조하기도 합니다.

이치서울
ichi_seoul

서울특별시 강남구 강남대로158길 21 2층

카페 '이치서울'의 경우, 메뉴를 릴스 동영상으로 클로즈업 촬영해 시즐 컷으로 노출하고 있습니다. 결국 실제로 맛이 있어야만 그 카페를 재방문해 메뉴를 자주 먹게 되는 것이 당연하지만 인스타그램으로 맛있어 보이게 해야만 첫 방문을 한다는 것도 중요하게 생각하고 있어야 합니다.

- **포인트 5: 릴스, 가장 중요한 포맷**

　인스타그램에서는 사진보다 동영상을 더 노출시켜주는 경향이 있습니다. 그중에서도 특히 피드에 올리는 동영상보다 릴스가 중요합니다. 릴스는 유튜브의 숏츠에 대응하기 위해 인스타그램에서 만든 영상 포맷입니다. 그만큼 인스타그램에서는 릴스를 위한 탭도 별도로 구성하고 다양한 편집 기능을 개발해두었고 실제 콘텐츠가 도달하는 범위를 보더라도 어느 포맷보다 성과가 높습니다. 그래서 본인 카페의 인스타그램을 운영할 때는 반드시 릴스를 활용해 콘텐츠를 제작하는 것을 추천합니다.

　릴스는 그 성과를 극대화하기 위한 몇 가지 팁이 있습니다. 먼저 영상편집을 별도 프로그램에서 하기보다 릴스의 템플릿을 활용해 제작하는 것이 좋습니다. 특히 릴스 제작을 할 때 음악을 삽입할 수 있는데 인스타그램에서 추천하는 음악(우상향 화살표가 있음)을 배경으로 넣으면 도달하는 데 유리합니다. 영상이 시작될 때 3초 동안 타이틀을 넣어 어떤 영상인지 알려주면 좋습니다.

제가 직접 비교 테스트를 해보니 초기 3초 동안 타이틀이 있는 영상이 타이틀이 없는 영상보다 2배가량 조회 수가 많았습니다. 릴스를 안 해봤다면 별로 어렵지 않으니 오늘 바로 해보는 것을 추천합니다. 평소 다양한 릴스 영상을 많이 참고하고 따라 만드는 연습을 반복하다 보면 금방 릴스 천재가 될 겁니다.

- 포인트 6: 응원은 항상 옳다

마지막으로 카페 인스타그램과 관련해 꼭 드리고 싶은 말씀이 있습니다. 마케팅 기획직군 채용 면접을 볼 때 저는 가끔 이런 질문을 던집니다. "지금 당장 당신이 어떤 콘텐츠를 만든다면 '좋아요' 100개를 어떻게 받을 수 있겠습니까?" 일반인들의 인스타그램 팔로워 수가 수십 수백 명 정도이니 '좋아요'를 100개 받는다는 것은 자신의 팔로워를 넘어 전혀 모르는 사람들도 '좋아요'를 눌러준다는 뜻입니다.

그중 기억나는 한 사람이 이런 대답을 했습니다. "저는 오늘 면접을 보고 오는 길인데 잘 보진 못했지만 나름 최선을 다했어요. 꼭 합격해 합격 소식을 다음에 인스타그램에 올리고 싶어요." 저는 이것을 좋은 아이디어라고 생각했습니다. 그것을 본 사람들은 어떻게 할까요? 당연히 '좋아요'를 누르고 "꼭 합격했으면 좋겠습니다."와 같은 응원의 댓글을 달지 않을까요? 전혀 모르는 사람들이라도 말입니다. 현실 세계에서 우리가 강한 소통 욕구를 느끼는 순간은 누군가에게 힘과 위로를 주고 싶을 때입니다.

인스타그램에서도 마찬가지입니다. 누군가에게 응원이 필요할 때 우리는 인스타그램을 통해 내가 그에게 기꺼이 해줄 수 있는 응원을 보낼 겁니다. "이번에 카페를 차리게 되었어요. 커피도 잘 모르고 요리도 잘 못하지만 정말 열심히 해 부족하지만 맛있는 커피를 꼭 만들게요." 이런 진실된 열정이 담긴 글에 당연히 많은 사람이 응원해줄 겁니다.

카페를 운영하는 사장님이 손님들로부터 이런 응원과 지지를 받는 것은 매우 긍정적이라고 생각합니다. 카페는 결국 손님이 와야만 운영이 가능한 공간이고 그 카페가 잘 되려면 손님들의 큰 도움이 필요합니다. 우리가 누군가를 응원한다는 것은 그를 마음으로 지지해주고 그가 처한 어려운 상황과 용기에 공감해준다는 것입니다. 손님들이 어떤 카페의 사장님에게 그렇게 공감해주고 지지해준다면 그 카페는 당연히 잘 될 겁니다.

카페 공간에서는 사장님과 손님들이 소통할 기회가 매우 적습니다. 따라서 손님들이 카페 사장님에게 지지와 응원을 보내는 소통의 채널로 인스타그램이 적극적으로 활용되면 좋겠다고 생각합니다. 물론 그렇게 되기 위해 가장 중요한 것은 카페 사장님이 온라인에서든 오프라인에서든 손님들에게 정말 진실되고 진정성 있는 모습을 보여주는 것일 겁니다.

| 인스타그램 프리랜서를 적극 활용하세요 |

10여 년 전쯤 5분 분량의 영상을 제작하는 데 200~300만 원의 예산이 들었던 것으로 기억합니다. 지금은 그때보다 훨씬 우수한 퀄리티의 영상을 수십만 원에 제작할 수 있습니다. 이미 대중들은 유튜브와 같은 영상 플랫폼에 친숙해졌고 마음만 먹으면 누구나 영상을 촬영해 올리는 환경이 되어 그만큼 영상제작자 수도 많아졌습니다. 영상뿐만 아니라 사진도 마찬가지입니다. 스마트폰만으로도 사진전을 개최할 수 있을 만큼 눈부신 기술발전 덕분에 비전공자들도 하이 퀄리티의 사진들을 찍어내고 있습니다.

콘텐츠 제작뿐만 아니라 기획 업무에도 프리랜서가 많이 존재합니다. 블로그 글을 쓰는 작가도 프리랜서들이 꽤 많습니다. 이렇게 회사 안에서 회사 밖으로 나와 우수한 인재들이 프리랜서가 되는 추세는 코로나 이후 더 활발해졌습니다. 그리고 직장인 프리랜서뿐만 아니라 대학생 중에도 최근 수준 높은 작업물을 만들어내는 사람이 많습니다. 제 생각에 앞으로 회사 프로젝트는 정해진 회사 직원들이 아니라 그 프로젝트를 위해 모인 프리랜서들과 그들을 조직하는 회사가 만나 진행하는 방식이 대세가 될 듯합니다. 그만큼 합리적인 작업료의 유능한 프리랜서들이 많이 있습니다.

본인 카페의 마케팅에도 이런 프리랜서들을 활용해야 합니다. 본인이 모든 것을 다하겠다고 생각하지 말고 필요한 부분의 유능한 프리랜서를 발굴하는 데 시간을 투자하는 것을 추천합니다. 알바몬, 숨고, 크몽, 인스타그램, 페이스북을 통한 직접 검색까지 찾는 방법은 다양합니다. 열정과 실력을 갖춘 대학생 마케터 두 명을 발굴해 매주 하루를 정해 오픈 전에 카페 마케팅 회의를 가져보면 어떨까요? 본인 카페의 인스타그램과 현장 운영과 관련해 객관적인 제3자 입장에서 의견을 요청하고 우수한 다른 카페의 벤치마킹도 조사해 발표를 요청해봅니다.

카페 사진을 감각적으로 잘 찍는 인스타그램 사용자를 발굴했다면 본인 카페의 필요한 사진을 정기적으로 찍어달라고 요청해봅니다. 전문 포토그래퍼가 아니더라도 요즘 스마트폰으로 세

밀한 감성과 뛰어난 퀄리티의 카페 사진을 촬영하는 사람들이 많습니다. 섭외된 프리랜서가 한 번 올 때 여섯 컷의 사진, 동영상 촬영을 하면 2주 분량의 콘텐츠를 확보할 수 있습니다. 물론 콘텐츠 기획은 카페 오너인 본인이 직접 해야 합니다. 큰 부담이 없는 합리적인 금액 선에서 충분히 섭외가 가능할 겁니다.

본인이 직접 해야 한다고 생각했던 업무들을 프리랜서들에게 맡기고 그 시간에 본인은 자신이 잘하는 업무에 집중할 수 있습니다. 예를 들어, 커피 퀄리티를 높이거나 신제품 디저트를 구상할 수도 있습니다. 본인이 모두 하려다가 결국 아무것도 못하게 되는 난처한 상황을 맞기보다 매출을 늘려 이익을 보존하겠다는 결심으로 프리랜서들을 전략적으로 활용하는 것을 추천합니다. 물론 훌륭한 프리랜서를 발굴해 원활한 업무를 요청하기는 쉽지 않겠지만 경험이 몇 번만 쌓이면 충분히 잘해낼 수 있을 겁니다.

오프라인 마케팅 심화

삼성스토어에서 다양한 타깃의 고객들이 참여할 수 있는 프로그램을 저희 회사에서 맡아 기획·운영한 적이 있습니다. 예를 들어, 주방가전을 활용한 쿠킹클래스, 아동용 로봇 제작 체험, 스마트폰을 활용한 영상 촬영·편집 클래스입니다. 삼성스토어는 전국적으로 운영되고 있지만 사실 고객들에게는 가전제품을 구매하거나 수리하러 가는 공간일 뿐 그 외에는 방문할 일이 없는 공간이었습니다. 그래서 삼성전자는 상품 구매 외에도 고객들이 삼성스토어를 '자주 방문하는 공간'으로 만들기 위해 다양한 프로그램을 운영하길 원했습니다.

대부분의 상점들은 상품이나 서비스를 구매하기 위해 방문하는 공간입니다. 그런데 카페는 커피나 음료와 같은 상품 외에도 그 공간 자체가 서비스입니다. 최근에는 입장료 개념의 비용을 지불하고 시간을 보낼 수 있는 카페도 늘고 있습니다. 따라서 카페 공간에서의 오프라인 마케팅을 고민할 때는 커피, 음료와 같은 상품의 구매 혜택, 특히 가격적인 혜택 이외에도 카페 공간 안에서 고객들이 머무는 동안 접하게 될 마케팅 프로그램을 기획하는 것이 꼭 필요합니다.

오프라인 마케팅 기획의 영감을 받기 위해서는 기업 브랜드들의 팝업스토어를 방문하는 것을 추천합니다. 팝업스토어는 판매를 목적으로 백화점 안에 오픈되는 곳도 있지만 주로 성수동에 있는 팝업스토어들처럼 브랜드 체험을 목적으로 오픈되는 곳도 있습니다. 둘 다 의미가 있지만 브랜드 체험을 목적으로 오픈되는 곳이 마케팅 기획의 영감에 도움이 될 겁니다. 브랜드의 팝업스토어는 그 브랜드가 보여줄 수 있는 오프라인 마케팅이 집약된 공간이라고 보시면 됩니다. 상시 매장이 아니다 보니 일상적이지 않은 과장된 마케팅 프로그램들을 보게 되기도 하지만 그만큼 다양하고 새로운 것들을 접할 수 있습니다. 팝업스토어에서 다양한 마케팅 방안들을 직접 체험해보고 우리 카페 관점에서 재해석해보면 자연스럽게 녹아들 수 있는 방안이 보일 겁니다.

| 오프라인 마케팅 전략

오프라인 마케팅이 온라인 마케팅에 비해 갖는 강점은 고객들과 대면으로 진행되기 때문에 좀 더 깊은 유대관계가 형성된다는 것입니다. 예를 들어, 인플루언서나 파워 블로거들과 기업이 오프라인에서 직접 만나 인사를 나누고 행사를 함께하는 것은 비대면으로 다양한 혜택을 제공하는 것에 비해 훨씬 큰 유대관계를 형성해줍니다. 그래서 기업들이 더 많은 비용과 노고가 필요함에도 오프라인 마케팅을 온라인 마케팅과 병행하는 것입니다.

그런데 만약 카페에서의 오프라인 마케팅이 온라인 마케팅과 별로 다를 바 없이 할인, 적립금, 선물증정과 같은 구매 혜택만으로 진행된다면 다른 카페들과 차별화도 안 되고 매출 증가에도 큰 도움이 되지 않을 겁니다.

그래서 카페에서의 오프라인 마케팅을 기획할 때 원칙으로 염두에 둘 것은 단순한 이벤트 참여를 넘어 우리 카페에 대한 유대관계를 이끌어낼 수 있느냐입니다. 어떤 브랜드에 고객이 유대관계나 애착을 갖는 것은 브랜드 입장에서 보면 지속 가능한 매출을 만들어낼 수 있는 가장 좋은 방법인 팬덤을 형성한다는 것입니다. 오프라인 마케팅 전략은 이런 개념을 바탕으로 수립해야 합니다.

- 단계별 구분: 방문 유도, 방문, 재방문

오프라인 마케팅의 목적은 크게 3가지로 나눠 생각하면 기획하기가 좀 더 쉬울 겁니다. 즉, 고객 방문을 유도하는 방안, 방문한 고객을 대상으로 하는 방안, 재방문하거나 입소문을 통해 다른 고객들이 확대 방문하도록 하는 방안입니다. 다음에 구체적인 예시로 추가로 설명하겠지만 먼저 개념적인 측면에서 정리해보겠습니다.

먼저 고객 방문 유도가 목적인 마케팅은 본인의 카페가 가진 매력 포인트를 노출시켜 고객이 가보고 싶어 하는 생각이 들도록 하는 것도 좋겠지만 방문해야 할 이유를 제시할 수 있다면 더 좋겠습니다. 현대오일뱅크의 만 원짜리 주유 쿠폰을 선물로 받았다면 현대오일뱅크에 '가보고 싶다'가 아니라 '가야 한다'로 방문의 뉘앙스가 더 강하게 바뀔 겁니다.

강남 언주역 근처에 반려견과 함께 투숙할 수 있는 호텔이 있습니다. 1년에 한 번 정도 반려견들과 함께하는 플리마켓을 호텔 로비와 테라스에서 열었는데 그날은 투숙하지 않은 사람들도 많이 찾아왔습니다. 1년 중 그날 하루만 여는 행사여서 굳이 먼 곳에서 반려견을 데리고 찾아오는 사람들도 보였습니다.

여러 가지 원두의 커피를 맛볼 수 있는 퍼블릭 커핑은 커피에 관심 있는 분들의 우리 카페 첫 방문을 유도할 수 있습니다. 특정 테마를 정해 같은 취향을 가진 분들과 커피를 마시며 이야기를 나누는 소셜 모임도 우리 카페를 방문하게 만드는 이유가 될 수 있습니다. 이런 마케팅 프로그램들은 모임 플랫폼인 '남의집'이나 '솜씨당'을 통해 카페 사장님이 호스트가 되어 오픈해 알릴 수 있으니 꼭 참고하는 것을 추천합니다.

한 번 방문한 고객이 재방문하거나 다른 사람과 함께 방문하도록 하는 것은 오프라인 마케팅에서 가장 중요한 핵심입니다. 카페의 커피와 디저트가 맛있고 공간만 아늑하고 편안하면 재방문할 거라고 생각할 수도 있습니다. 네, 맞는 말입니다. 사실 어떤 상품이나 서비스의 본질이 훌륭하면 굳이 마케팅하지 않더라도 고객은 다시 찾아옵니다.

하지만 마케팅을 하는 이유는 그 훌륭한 본질을 처음 경험해보도록 유도하고 이용할 계기를 꾸준히 만들어주기 위해서입니다. 본인의 카페에 적합한 재방문 유도 방안을 꼭 찾아내야 합니다. 쿠폰 적립은 재방문을 유도하는 훌륭한 방안이지만 모든 카페가 제공하는 혜택이다 보니 카페의 냉수처럼 당연히 제공되는 것이 되었습니다.

> 성신여대입구역 근처의 한 카페는 30회 이상 방문한 고객들에게 꽤 고급스러운 디자인의 전용 커피잔을 하나씩 증정하고 카페에도 진열해 놓았습니다. 카페를 방문할 때 손님 자신이 선택한 전용 커피잔에 담긴 커피를 맛볼 수 있으니 카페와 본인의 전용 커피잔에 애착을 가진 단골손님이 점점 늘어났다고 합니다.

● **지역사회에 기여하는 긍정적인 역할**

몇 해 전 도쿄의 작고 허름한 한 카페에 들른 적이 있는데 특이하게도 매우 간단한 식사류를 판매하고 있었습니다. 야채 위주의 소박한 식단이었는데 인상 깊었던 것은 모든 식재료가 카페 근처 동네에서 재배한 것이라고 브로셔에 소개되어 있었다는 것입니다. 가만히 보니 카페 입구에 야채들이 있었는데 판매도 하고 있었습니다. 게다가 지역 모임도 그 카페에서 주관해 가끔 진행한다고 들었습니다. 지역사회에서 카페가 하나의 지역 문화 공간으로서 역할을 하는 것이 정말 인상 깊었습니다. 그리고 주민들이 그 카페에 대해 자신들과 같은 지역에 있고 '우리 카페'라는 공감의식을 가지게 될 것 같다고 생각했습니다.

카페들은 외국인들, 관광객들, 카페 투어리스트들이 계속 유입되는 핫플레이스가 아닌 주변 지역주민들이 주로 방문하는 동네 상권에 있는 경우가 대부분입니다. 카페는 태생적으로 소통과 공감, 쉼의 공간이다 보니 지역주민들이 느끼는 정체성이 다른 음식점들과 다릅니다.

지역사회에서 카페는 지역 커뮤니티 룸의 정체성을 필연적으로 띠게 됩니다. 전자제품 매장이나 가구 매장들이 근처 아파트 입주민들을 대상으로 '□□아파트 전문매장'이라는 대형 현수막을 내다붙인 것을 본 적이 있을 겁니다. 그렇게 영업적인 노출 방식이 아니라 지역 커뮤니티로서 역할하는 정도의 노출은 좋은 인상을 줄 수 있습니다. 동네 플로깅 Plogging, 조깅하며 쓰레기를 줍는 환경 미화 활동 행사 참가자들에게 커피를 제공하고 그 내용을 노출시키는 인스타그램이나 매장 내 포스터는 정감 있고 훈훈해 좋다는 칭찬을 받을 겁니다. 결제하는 고객이 테이크아웃이나 쿠폰 할인을 받지 않고 결제할 경우, 그 할인액을 모아 지역 내 도움이 필요한 사람들에게 지원하는 방식도 도입해볼 만합니다. 실제 참여고객 수도 중요하겠지만 지역사회에 도움이 되고 싶어 하는 카페 사장님의 선한 의지가 주변 고객들 사이어서 회자되어 반드시 좋은 결과로 돌아올 겁니다.

- **타깃에 따른 전략**

카페를 방문하는 타깃 고객들에 대한 마케팅 전략은 2가지로 이해하면 됩니다. 첫 번째는 주 고객을 파악해 주 고객층을 늘리는 방식입니다. 대학가 카페들이 그 대학 학생들이나 교직원들에게 혜택을 주는 것이 그 예입니다. 두 번째는 소그룹 고객을 대상으로 마케팅을 진행해 큰 규모의 그룹으로 점점 키워나가는 것입니다. 즉, 근처 특정 회사들을 다니는 직원들에게 혜택을 주거나 특정 연령대의 고객들에게 혜택을 주는 방식입니다.

타깃 규모로 보면 당연히 첫 번째가 참여 대상도 많고 호응도 좋을 것으로 예상되지만 실제로 진행해보면 두 번째 니치마켓Nitch Market, 틈새시장 고객의 참여율이 훨씬 높습니다. 고객들은 마케팅을 대할 때 누구나 참여할 수 있다고 느끼면 관심도가 떨어지는 경향이 있습니다.

> 저희 회사에서 진행한 마케팅 중에 삼성 갤럭시 폰을 가진 올해 20세가 된 고객을 대상으로 한 '갓스물'이라는 캠페인이 있었습니다. 많은 고객 중 올해 20세가 된 사람만 초청해 루프탑 콘서트, 댄스 레슨, 패션 코디 등 흥미로운 프로그램에 참여할 수 있게 했던 마케팅 프로그램이었습니다. 전 연령층을 대상으로 진행했다면 20세 고객의 참여는 오히려 더 적었을 겁니다.

이렇게 소그룹의 특정 타깃층을 대상으로 마케팅을 진행해 각 소그룹들을 키우는 방식은 특히 대면 마케팅이 가능한 오프라인 공간에서 더 효과적입니다. 각각의 고객들을 직접 보고 각각 다르게 응대할 수 있기 때문입니다. 본인의 카페를 찾아오는 고객들을 타깃으로 구분해 마케팅 계획을 세우기 위해서는 먼저 고객 통계가 필요합니다. 보는 것만으로도 분류할 수 있는 사안들은 직접 보고 메모해 고객 통계를 정리하고 직접 물어봐야 할 사안들은 고객들에게 작은 메모지를 나눠주고 작성을 부탁하면 좋겠습니다.

재방문을 부르는 오프라인 마케팅의 6가지 사례

이미 고객들에게 널리 알려진 브랜드들은 단기 매출 증가를 위한 마케팅보다 브랜딩에 도움이 되는 활동을 주로 진행합니다. 스타벅스 매장에 가보면 눈에 띄는 오프라인 마케팅이라고 할 만한 활동들을 찾기 쉽지 않은데요. 스타벅스는 경동시장에 있는 스타벅스 매장인 '경동1960'과 같은 공간이나 시즌별 굿즈를 통해 브랜딩을 위한 프로젝트들을 주로 진행하기 때문입니다.

그런데 카페 오픈을 준비하거나 개인 카페를 운영하는 입장에서는 다양한 오프라인 마케팅 아이디어를 발굴하고 계속 시도해 우리 카페에 맞는 효과적인 방안을 찾는 것이 꼭 필요합니다. 살펴보니 근처 카페들이 커피와 디저트 제공 이외에는 매장 내에서 별다른 특별한 활동이 없다는 것을 알게 된다면 오히려 내게 매우 좋은 기회입니다. 최선을 다해 다양한 오프라인 마케팅을 꼭 시도해보시길 바라며 참고할 만한 6가지 사례를 소개합니다.

- 신청곡

카페의 오디오가 보통 수준 이상의 하이엔드급이라면 카페에서 신청곡을 받아보는 것을 추천합니다. 대구 동산동에 위치한 카페 '랑만'은 손님들로부터 신청곡을 받아 음악을 틀어줄 뿐만 아니라 신청곡들로 엮은 「월간랑만」이라는 소책자를 발행해 카페 내부에 비치해두고 있습니다. 손님들의 애정과 애환이 담긴 노래들이 카페 안에 흐르고 다른 손님들이 함께 감상하는 흔치 않은 경험을 손님들에게 선사합니다.

카페 랑만 | 대구광역시 중구 국채보상로102길 60 1층 | langman_coffee

- 사연

　서울 등촌동에 위치한 카페 '오프레스트 로스터리'에서는 휴식에 대한 의견을 손님들과 나눕니다. '분리된 휴식'이라는 뜻의 오프레스트 로스터리의 아이덴티티에 맞게 휴식에 얽힌 사연의 손글씨를 손님들로부터 받고 있습니다. 그리고 그 사연은 인스타그램을 통해 많은 사람들과 다시 공유합니다. 본인의 카페를 찾아오는 손님들로부터 손글씨 사연을 받아보는 아날로그적 소통 방식은 작은 카페일수록 왠지 더 잘 어울립니다.

오프레스트 로스터리　　서울특별시 강서구 공항대로57길 64　|　off.rest

● 연필과 메모장

저는 가끔 저희 회사가 있는 성수동에서 편집샵에 들러 문구류를 구경하곤 합니다. 마음에 드는 펜이나 메모장이 눈에 띄면 '저걸 사면 더 좋은 아이디어가 나올 것 같다'라는 예감이 들곤 합니다. 군자동에 위치한 카페 '연필'은 잘 다듬은 연필과 메모지를 카페 안에 준비해 두었습니다. 이런저런 이유로 평소 연필을 쓸 일이 없는데 연필로 메모지에 자기 생각을 적어보는 시간은 이 카페에서만 경험할 수 있는 감성 만족입니다.

- **시식 품평회**

　카페 사장님과 손님들이 카페의 발전 방향을 함께 고민한다면 얼마나 멋진 관계인지 모릅니다. 손님들에게 그런 계기를 많이 제공할수록 본인 카페의 단골손님이 늘어나고 관계도 돈독해질 겁니다. 시식 품평회는 신메뉴를 개발할 때 손님들의 맛 평가 도움을 받는 행사입니다. 일단 마트의 시식 코너처럼 누구나 참여해 한 조각씩 무료로 맛보는 형식은 아닙니다. 그렇게 하고 싶다면 시식 품평회라고 하지 말고 모든 사람에게 서비스로 그냥 주는 형식으로 하면 됩니다.

　시식 품평회는 단골손님만 대상인 일종의 VIP 참여 행사처럼 특정 시간에 특정 인원만 참여해 진행해야 합니다. 그리고 진행할 예정이라는 것과 진행했다는 것을 카페 내부의 포스터와 인스타그램 게시물로 널리 알려야 합니다. 그래야만 참석한 단골손님들이 본인 카페와의 훨씬 강한 유대감을 느끼고 이번에 참여하지 못한 손님들은 다음 기회에 자신도 꼭 참여하고 싶어 할 겁니다.

- **인플루언서 초대**

　카페에 인플루언서들을 초대해 카페를 더 적극적으로 알리고 싶을 때가 있습니다. 그런 업무를 전문적으로 대행해주는 회사들이 있는데 문제는 만만찮은 비용입니다. 그럴 때는 프리랜서 마켓인 크몽에서 인플루언서 리스트를 구매해 본인이 직접 컨택해 초대하면 비용을 많이 아낄 수 있습니다. 크몽 검색창에 '인플루언서 리스트'라고 검색하면 리스트를 구매할 수 있습니다. 불법 개인정보가 아니라 대중에게 노출된 정보를 정리한 리스트이니 정당하게 이용해도 됩니다.

- **인스타그램 팔로잉 선물**

　카페를 방문한 손님들의 눈에 잘 띄는 위치에 큰 바구니를 두고 작은 쿠키나 사탕을 한 꾸러미 부어둡니다. 그리고 카페 인스타그램 계정을 적어두고 팔로잉하면 쿠키나 사탕을 선물한다고 보드에 적어둡니다. 팔로잉한 고객을 확인한 후 작은 선물을 주면 됩니다. 상당히 많은 사람이 참여할 겁니다.

다만, 몇 가지 조건이 있습니다. 큰 바구니 안에 선물을 수북이 쌓아두어야 합니다. 그리고 기간을 정해두어야 합니다. 효과가 좋다고 기간을 정해두지 않거나 기간을 임의로 연장하면 절대로 안 됩니다. 한정 기간이 없으면 고객들은 '다음에 하면 되지.'라고 생각하기 쉽습니다.

부록

케이스 스터디

카페 중에서 브랜딩을 매우 우수하게 잘하고 있는 몇몇 카페를 살펴보겠습니다. 먼저 말씀드리고 싶은 2가지가 있습니다.

첫째, 예시한 카페들의 사장님들이 브랜딩 개념을 학습하고 계획적으로 카페 브랜딩을 진행했을 수도 있고 그러지 않았는데도 브랜딩이 잘된 카페가 되었을 수도 있습니다. 만약 후자의 경우라도 카페를 보고 '아, 하고 싶은 대로만 하면 잘될 수도 있구나!'라고 판단하지 않으시길 바랍니다. 본능적으로 하고 싶은 대로 했는데 크게 성공한 사장님은 사실 극소수이고 저를 포함한 대부분은 그 범주 밖에 있을 가능성이 큽니다.

둘째, 카페 중에서 매우 명확한 브랜딩을 하는 카페들을 선정해 설명할 겁니다. 사실 모든 카페가 이렇게 매우 선명한 브랜딩을 진행할 필요는 없습니다. 향이 강한 향수도 좋은 향수이지만 향이 약하더라도 차별화된 고유의 향이 있으면 좋은 향수이듯이 브랜딩의 심도는 카페마다 다를 수 있습니다. 카페 브랜딩을 더 쉽게 이해하길 바라는 마음에서 최대한 명확한 브랜딩을 가진 카페들을 선정했으니 이것을 카페 브랜딩의 정석으로 이해하기보다 브랜딩이 이 카페에 어떻게 적용될 수 있는지 방법론적 측면에서 이해할 필요가 있습니다.

카페인사이트랩

홈페이지 | www.cafeinsightlab.com
네이버 블로그 | blog.naver.com/cafeinsightlab
유튜브 채널 | www.youtube.com/@cafeinsightlab

카페 브랜딩 컨설팅과 카페 오픈을 위한 다양한 서비스를 제공하는 카페인사이트랩입니다. 특히 카페 브랜딩 4주 과정(CAFE BRANDING 4 WEEKS)은 본인의 카페 브랜드를 직접 완성해보는 실습형 커리큘럼으로 바로 실무에 적용할 수 있는 지식과 자료들을 습득할 수 있습니다.

카페 투어 프로젝트

www.cafetourproject.com

카페 오픈을 희망하시는 예비 창업자분들과 함께 현재 카페를 운영하고 계신 사장님을 직접 만나 창업과 운영 관련 현실적인 이야기를 들어보는 프로젝트입니다. 핫플 카페, 동네 카페, 디저트 전문점 등 다양한 형태의 경쟁력을 가진 카페들을 방문하고 있습니다. 어디서도 듣기 힘든 카페에 대한 솔직한 정보를 얻을 수 있습니다.

T・DAY(Training Day)

www.cafeinsightlab.com/tday

내가 운영하고 싶은 카페와 가장 비슷한 카페에서 직접 카페를 하루 운영해보면 어떨까요? 티데이는 제휴된 여러 카페들 중 내가 선택한 카페에서 실제 카페 운영을 체험해볼 수 있는 프로그램입니다. 카페 사장으로서 나의 부족한 점을 체크해볼 수 있는 값진 기회가 될 것입니다.

북덕방은 2021년 2월 오픈한, 서울대입구역 근처에 위치한 18석 규모의 작은 카페입니다. 도보 거리에 스타벅스가 무려 네 군데나 있고 샤로수길에도 수많은 카페가 있어 카페 전쟁터의 한가운데 있습니다. 북덕방은 주말이면 하루에 약 150명의 손님이 찾아오고 자리가 없어 돌아갈 정도로 규모에 비해 상당히 잘 운영되고 있는 카페입니다. 적잖은 매출 못지않게 중요한 것은 이 카페가 무척 재미있는 요소들을 많이 가지고 있다는 것입니다.

우선 주소는 201호입니다. 즉, 202호가 있다는 뜻일 겁니다. 처음 방문하는 손님은 찾기 어려울 정도로 작은 건물의 201호 문을 열고 들어가면 카페가 펼쳐집니다. 202호는 원래 건축사무실이었는데 북덕방에서 확장해 사용하고 있습니다. 2층에 올라가도 '설마 이곳이 카페일까?'라는 생각이 들 정도로 위치와 입구가 의외인 카페입니다.

북덕방은 한 달에 15일 정도만 문을 엽니다. 최근 오픈 일수가 조금 더 늘어났지만 그래도 주로 주말 위주로 열고 있고 평일에는 문을 닫는 날이 많습니다. 그래서 매월 초 그달의 오픈 일정을 인스타그램어 공지하고 있으며 확인하지 않고 왔다가 되돌아가는 손님도 종종 있습니다. 보통 카페들은 휴무일을 공지하는데 반대로 북덕방은 오픈하는 날을 공지 하니 여러모로 정말 특이한 카페입니다. 또 하나 주목할 점은 북덕방에는 에스프레소 머신이 없다는 것입니다. 드립 커피만 하고 있고 그라인더도 '필로우', '페마' 브랜드의 소형 가정용을 사용하고 있습니다. 그렇다고 아주 작은 규모도 아닌데 머신을 최소화한 것이 오히려 특이해 보였습니다.

위에서 말한 내용을 이해하려면 북덕방이 어떻게 생겼는지 스토리를 알 필요가 있습니다. 원래 201호 공간은 카페가 아니라 친구 세 명이 모여 일하

고 음식도 먹고 이야기도 나누는 작업실이나 아지트와 같은 공간으로 시작되었습니다. 그리고 공간도 좀 여유가 있어 세 친구가 자신들의 아지트에 오는 날마다 문을 열고 카페로 운영하기로 해 그렇게 시작되었습니다. 세명 모두 각자 직업이 따로 있어 평일에는 계속 오픈하는 것이 불가능해 주로 주말이나 공휴일에 열게 되었습니다. 그러다 보니 오픈 날짜를 미리 정해 인스타그램에 공지하게 되었습니다. 체계적으로 계획한 것은 아니지만 그러다 보니 카페의 아이덴티티는 자연스럽게 '작업실'이 되었습니다.

일반적인 2층 카페들이 가진 어려움처럼 201호라는 위치는 오픈 초기, 손님 유입에 매우 불리하게 작용했습니다. 하지만 손님들이 '작업실'이라는 아이덴티티의 카페로 북덕방을 기억하게 되면서 이제는 근처 어느 카페들과

도 차별화된 방문할 이유를 가진 카페가 되었습니다. 에스프레소 머신이 없는 이유로 북덕방 사장님은 소음을 말합니다. 가만히 생각해보니 저도 카페에서 독서나 업무와 같은 정적 행위를 할 때 에스프레소 머신과 그라인더의 소음이 상당히 거슬렸던 기억이 납니다. 하지만 카페에서 당연히 들리는 소음으로 생각했던 것 같습니다.

북덕방에는 머신 소음이 없다 보니 음악 소리 외에는 소음이 거의 없습니다. 낮게 설치된 데스크 조명과 구석에서 뭔가 열심히 보는 손님들의 모습이 쉽게 큰 소음을 내지 않게 합니다. 그래서 작업실로 매우 적합한 공간이 되었습니다. 그러다 보니 북덕방에서는 합석도 매우 자연스럽습니다. 모르는 손님들이 테이블을 공유해 각자 책을 읽고 노트북으로 작업하는 모습을

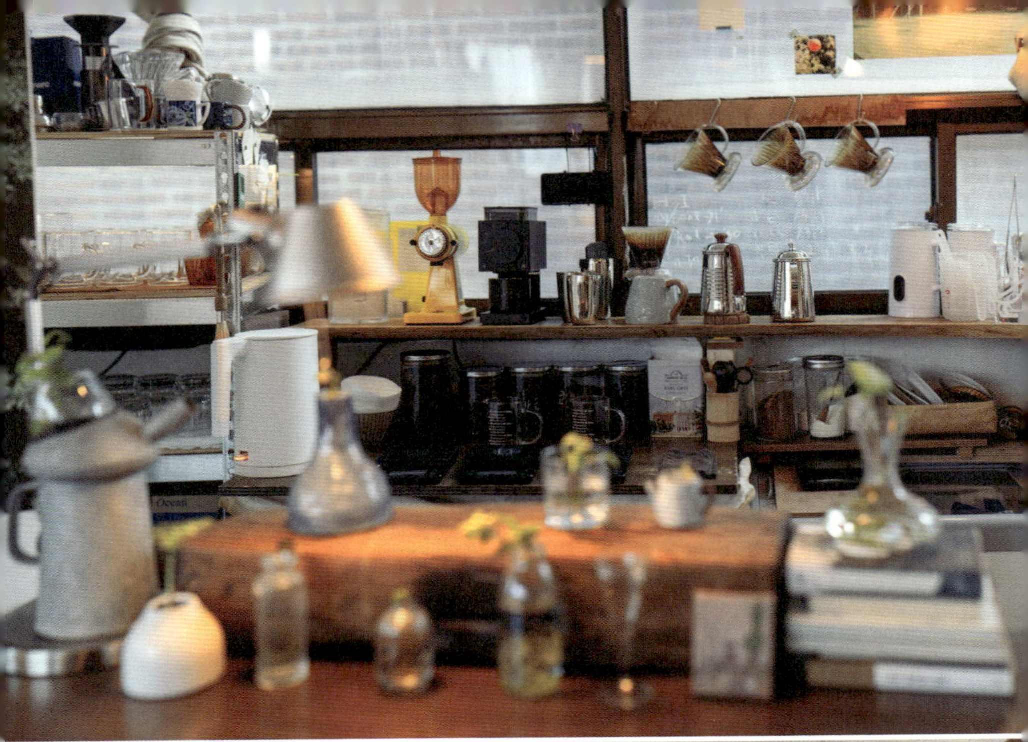

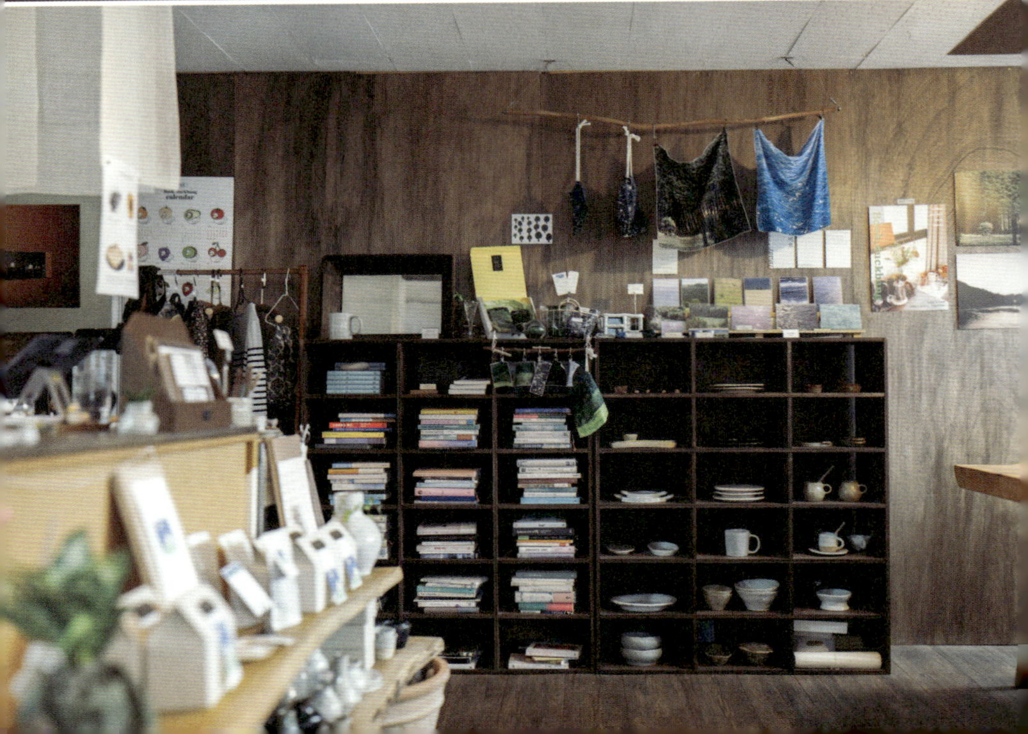

종종 볼 수 있습니다. 우리가 공유 오피스에 갈 때 그 공간의 목적을 정확히 알고 있듯이 북덕방 이 공간의 아이덴티티를 손님들이 이디 공유해 가능한 모습입니다.

북덕방의 이런 아이덴티티가 빠르게 확고히 자리 잡을 수 있었던 것은 당연히 서울대입구역 근처라는 입지의 도움이 컸습니다. 거주, 통학, 방문하는 대학생들이 상당히 많다는 지역적 특징이 맞아떨어졌습니다. 특히 대학가에서 공통적으로 나타나는 특징이기도 합니다. 기숙사나 자취방에 거주하는 학생들이 많다 보니 대학가에는 책을 읽거나 공부나 작업을 할 수 있는 아지트스러운 카페가 꼭 필요합니다.

만약 북덕방이 일반 동네 상권에 있었다면 상황은 달랐을 겁니다. 작업실 분위기의 북덕방에 가족끼리 방문했다면 다소 불편함을 느낄 수도 있을 겁니다. 그리고 북덕방의 작업실 아이덴티티가 자리 잡는 것이 상당히 어려웠을 겁니다. 지금과 전혀 다른 카페가 되었을 것이고 경쟁력도 갖추기 어려웠을 겁니다.

마지막으로 북덕방의 브랜딩을 설명할 때 제가 반드시 강조하는 것은 바로 음악입니다. 작업실이라면 이러이러한 음악들이 나와야 한다고 마치 정확한 PLAYLIST 정답지를 보여주는 것 같습니다. 세 친구 사장님들 중 한 명이 엔터테인먼트사에 다닌다는데 아마도 그분이 선정한 곡이 많을 것 같습니다. 기회가 된다면 북덕방에 들러 음악을 감상해보는 것도 좋을 듯합니다.

포어플랜은 2022년 9월 오픈한, 성수동 뚝섬역 근처에 위치한 카페입니다. 지금도 여전하듯이 특히 오픈 첫해에는 말 그대로 물밀 듯이 손님이 몰려들었습니다. 성수동의 쟁쟁한 카페들 사이에서도 포어플랜은 '건축'이라는 키워드를 카페와 연결해 급부상했습니다. 포어플랜의 가장 큰 경쟁력은 진정성입니다. 더 정확히 표현하면 건축이라는 컨셉의 진정성입니다. 저는 이것을 컨셉 이전에 스토리라고 부릅니다. 즉, 컨셉을 구현하기 전에 팩트인 스토리가 있었던 덕분에 컨셉이 진정성을 갖게 되었다는 뜻입니다.

포어플랜의 공간은 실제로 건축사무실이었고 포어플랜 사장님도 실제로 건축회사 사장님입니다. 공간을 카페로 꾸미기 위해 의도적으로 만든 공간이 아니라 실제로 건축사무실로 쓰던 공간이었습니다. 그래서 손님들은 포어플랜에 들어오면 마치 건축사무실 직원이 된 듯한 묘한 역할 의식을 느끼게 됩니다. 테이블 위에 놓인 작업 매트를 보면 왠지 작업에 몰두해야만 할 것 같은 의욕이 샘솟습니다.

카페 '포어플랜'의 아이덴티티가 방문한 손님들에게 그대로 전달되는 것을 보면 브랜딩에서 진정성이 얼마나 중요한지 알 수 있습니다-. 포어플랜의 아이덴티티는 '건축을 소재로 지속적인 실험정신을 선보이는 힙한 카페'입니다. 카페에 들어서면 한쪽 벽면 전체가 도형 벽인데 건축학과 학생들이 배우는 '단면 연습(Section Mass)'이라는 과정에서 모티브를 가져온 작품입니다. 건물을 수박 자르듯이 큰 칼로 수직으로 잘랐을 때 생기는 내부 모양을 상상해 만든 추상적인 표현기법입니다. 우리가 갤러리에서 대형 아트웍을 대할 때 느끼는 웅장한 영감을 정면으로 대면하는 느낌을 줍니다.

이곳은 단순히 인테리어를 잘하기 위해 애쓴 카페가 아니라는 것을 직감할 수 있습니다. 또한, 곳곳의 도면, 샘플북, 서류 박스, 건축작업용 대형 테이블들은 깊은 지식과 경험이 응축된 공간에서 내가 커피를 마시고 있다는 지

적 만족감까지 선사합니다. 실제로 포어플랜에서는 노트북으로 작업에 몰두하는 손님들을 심심찮게 볼 수 있습니다. 그런 손님들의 모습조차 포어플랜 공간의 일부로 느껴지는 것이 포어플랜의 브랜딩이 공간 전체에 얼마나 잘 녹아 있는지 보여줍니다.

이곳 포어플랜이 원래 건축사무실이었다는 것을 이미 많은 손님이 SNS나 입소문으로 알고 있습니다. 팩트에 기반한 스토리는 굳이 애써 알리지 않더라도 어찌어찌 손님들도 모두 알게 되는 것 같습니다. 포어플랜을 찾는 손님들은 이 스토리를 듣고 방문하는 경우도 많을 뿐만 아니라 그러지 않았더라도 카페에서 자연스럽게 느낄 겁니다. 공간을 통한 브랜딩의 전달은 이런 방식으로 이뤄져야 합니다. 물론 일반인들이 관심을 가지고 동경하는 '건축'

이라는 키워드로 공간을 만들었기 때문에 포어플랜은 더 매력적으로 더 빨리 브랜딩을 전개했을 겁니다.

더불어 건축사무실에서 다루는 도면과 샘플북 등도 우리가 영화나 드라마에서 봤던 친숙한 소재들이어서 그것들을 실제로 눈앞에서 보는 것도 큰 재미 요소가 되었을 겁니다. 그렇다고 모든 건축사무실이 어느 날 갑자기 카페가 될 수는 없습니다. 포어플랜이 단순히 공간의 용도를 바꾸는 것을 넘어 카페 공간의 매우 섬세한 브랜딩 소재 하나하나에 담긴 노력의 결실이라고 생각합니다.

콤파일 01compile

서울특별시 마포구 잔다리로 73 1층

'콤파일'은 2023년 4월 오픈한, 합정역과 홍대입구역 사이에 위치한 카페입니다. 사장님이 굉장히 젊어 보여 '당연히 첫 번째 창업이겠구나!' 생각했는데 이전에 구로 쪽 오피스 상권에서 무려 6년 동안이나 ㅋ·페를 운영했고 이번이 두 번째 카페 창업이라고 합니다. 대단하다고 제가 생각한 것은 디테일에 애를 많이 썼다는 것입니다. 두 번째 카페를 어떻거 오픈할지 오랫동안 구체적으로 계획하고 준비한 것을 보니 '사장님의 내공이 보통이 아니구나!'라는 인상을 받았습니다.

'콤파일'이 오픈과 동시에 빠르게 주목을 받은 비결은 바로 컨베이어 벨트입니다. 주문한 음식을 손님이 직접 받으러 가거나 스태프가 가져다주는 것이 아니라 컨베이어 벨트가 손님 자리까지 전달해줍니다. 컨베이어 벨트는 상당히 공을 들여 완성도 높게 제작되었는데 직접 방문해 보거나 영상으로만 봐도 분명히 감탄을 자아내는 포인트입니다. 하지만 정작 '콤파일'의 사장님은 카페가 초반에 컨베이어 벨트로 너무 주목받아 기뻤던 한편 본질적인 강점이 가려질까 봐 걱정했답니다.

어쨌든 '콤파일'이 유명해지는 데 컨베이어 벨트가 큰 역할을 한 것은 분명합니다. 컨셉이 독특하거나 강력한 아이디어 포인트가 있는 카페의 사장님들이 공통으로 말하는 것이 바로 이것입니다. 독특한 컨셉은 그것이 목적이라기보다 카페가 가진 본질적인 강점을 손님들에게 보여줄 기회를 준다는 것입니다. '콤파일'도 컨베이어 벨트가 이목을 끌었다면 카페 안에서 경험할 수 있는 메뉴와 공간의 디테일한 요소들에서 손님들은 '콤파일'의 브랜딩을 경험하게 됩니다.

카페 '콤파일'이 추구하는 아이덴티티는 '각자의 취향과 시간에 대한 존중'

입니다. '콤파일'에서는 간판이 거의 보이지 않습니다. 통창이 아니어서 지도를 보며 찾아가도 자칫 지나칠 정도입니다. 지나다니는 행인들이 '여기는 뭐하는 곳이지?'라고 생각할 정도로 노출이 거의 없습니다. 그래서 '콤파일'을 찾는 손님들은 누구에게나 열린 공유의 공간이 아니라 자기만의 프라이빗 공간을 방문해 존중받는 기분을 느낄 수 있습니다.

카페 안에 들어서면서 맨 처음 받는 인상은 번잡스럽지 않고 정렬되어 있다는 것입니다. 앞에서 말했듯이 음료를 받기 위해 이리저리 오가는 사람이 없고 다 마신 음료는 테이블 위에 놓고 가도 되기 때문에 반납하기 위해 이동하는 사람도 없습니다. 컨베이어 벨트는 방문한 손님이 온전히 자기 자리에서 자신만의 시간에 집중하게 해줍니다. 게다가 실내 공간의 조도도 꽤 낮은 편입니다. 저녁에 와보면 어둡게 느껴질 정도입니다. 조명은 대부분 좌

석 쪽에만 비추고 있어 테이블 간격이 별로 넓지 않은데도 간섭받는 느낌이 별로 들지 않습니다.

모든 좌석에는 콘센트가 준비되어 있습니다. 보통 카페에는 콘센트가 하단 쪽에 설치되어 있어 전원을 연결할 때 허리를 굽혀 이리저리 찾아 연결하지만 '콤파일'에는 테이블 높이에 콘센트가 설치되어 있어 매우 편합니다. 실제로 와보면 노트북 작업하는 손님이 많습니다.

커피는 에스프레소와 드립 2가지 모두 가능합니다. 드립의 경우, 5가지 원두를 상세히 설명해주고 손님은 자기 취향에 맞게 선택할 수 있습니다. '각자의 취향과 시간에 대한 존중'이라는 '콤파일'의 아이덴티티가 카페 공간과 메뉴에 정교하게 녹아 있는 것에 저는 큰 감명을 받았습니다.

EPILOGUE

    6년간의 대기업 직장 생활을 끝으로 푸드마케팅 회사를 창업하고 나서 가장 많이 들었던 질문은 "회사 다닐 때보다 더 힘든가요?"였습니다. 그런 질문을 받을 때마다 저는 "100배 힘들고 1,000배 더 재미있어요."라고 대답합니다. 재미가 훨씬 크다고 표현하다 보니 왠지 힘듦은 견딜 만한 것으로 들었던 분들도 계실 텐데요. 재미가 크다는 것이지 창업에서 오는 고통이 한나절 고민에 그칠 정도로 미미한 것은 결코 아니었습니다.

    지난 1년여 동안 60개 이상 카페의 사장님들과 카페 투어 프로젝트를 진행하며 카페 창업과 운영의 속 깊은 이야기를 나눌 수 있었습니다. 대부분의 카페 사장님들이 제가 그랬듯이 아니, 저보다 더 큰 창업의 힘든 시간을 보내시는 것을 봤습니다. 카페는 누구에게나 쉼과 음악과 낭만이 있는 설렘의 공간이고 그래서 나만의 카페를 열고 싶다고 생각하셨을 텐데 만만찮은 현실의 벽 앞에서 깊은 고민과 스트레스에 둘러싸인 사장님들을 만나보며 무엇이 문제이고 개선 방안으로 뭐가 있을지 늘 고민했습니다.

그런 긴 고민의 터널에서 제가 나름 찾은 출구전략은 바로 '카페 브랜딩'이었습니다. 애당초 카페를 준비하는 첫 단계에서부터 제대로 된 카페 브랜딩을 통해 이기는 구도로 경쟁을 시작하는 것이 매우 중요하다는 제 생각을 카페 예비 사장님들께 꼭 전달하겠다고 다짐했습니다. 그것이 이 책을 쓰게 된 동기이고 제 나름대로 최선을 다해 집필할 수 있었던 원동력이 되었습니다.

프랜차이즈 카페는 물론 개인 카페들도 남의 힘을 빌려 카페를 오픈할 생각을 하는 분들이 꽤 많습니다. 오픈까지야 어떻게든 되겠지만 문제는 오픈한 후 근처 카페들과의 경쟁에서 저

조한 실적을 보이면 남의 힘을 빌려 카페를 오픈한 분들은 대책이 있을 리 만무하다는 것입니다. 창업은 오픈이라는 특정 시점의 상징적 시작도 중요하지만 그것을 준비하는 과정에서 창업자는 사업가로서 훈련받고 자격을 얻게 됩니다. 그런데 남의 힘을 빌려 오픈하면 핵심 역량이 본인에게 쌓여 있지 않으니 문제가 생겼을 때 난관을 돌파할 힘이 없습니다. 그래서 카페를 오픈할 때 카페 오픈의 격한 여정에 본인이 깊이 관여하시길 바라며 그 관여의 첫 단계이자 가장 중요한 것이 바로 카페 브랜딩이 되어야 한다고 꼭 말씀드리고 싶습니다. 그리고 여러분의 카페 브랜딩 과정에서 이 책이 가이드로서 도움이 되길 진심으로 기원합니다.

이 책에서 얻은 지식을 넘어 실제로 본인이 생각하는 카페 브랜딩 작업을 해보는 실무 교육을 희망하시는 분은 저희 '카페 인사이트랩'에서 진행하는 'CAFE BRANDING 4 WEEKS' 과정에 참여해보시는 것을 추천합니다. 부디 카페를 통해 고객뿐만 아니라 오너로서 본인도 매일 쉼과 낭만과 설렘을 즐기는 행복한 카페 사장님이 되시길 응원합니다.

Special Thanks To

창업한다고 퇴사했을 때부터 지금까지도 늘 걱정해주시는 부모님. 가만히 생각해보니 창업한 후 밤을 새우며 최선을 다했던 이유는 부모님께 잘되는 모습을 보여드리고 싶었기 때문인 것 같습니다.

부족한 제게 신뢰와 응원으로 큰 버팀목이 되어주시는 장인 장모님. 힘든 하루에 위안과 에너지가 되어주는, 진심으로 고맙다는 말로는 부족한 사랑하는 현아. 하루에도 몇 번씩 내가 얼마나 행복한 사람인지 알게 해주는, 세상에서 가장 소중한 우리 민서. 그리고 착하고 귀여운 조카들 윤성, 민성, 서윤, 채민이.

진심으로 감사를 전합니다.

카페 브랜딩
카페 창업 준비의 첫 단계

초판 1쇄	2024년 10월 16일

지은이	배주태
펴낸이	홍순제
펴낸곳	주식회사 성신미디어

주소	경기도 파주시 조리읍 전지미말길 101-10		
전화	02-2671-6796	**팩스**	031-943-6795
등록	2016-00025호	**ISBN**	979-11-90917-16-2 (13320)

기획 및 총괄	홍현표				
교정 및 교열	박진영	**본문 디자인**	올리브웍스	**표지 및 일러스트 디자인**	윤정아

사진 촬영 주식회사 성신미디어
촬영 협조 YM커피 프로젝트, 고로커피로스터스, 꼬메노, 낙산길20, 루틴, 보흔바, 북덕방
아이레 커피, 연필, 오프레스트, 차일디쉬, 카페 랑만, 콤파일, 포어플랜
츠타야 쉐어라운지 이미지 제공 © CCC カルチュア・コンビニエンス・クラブ株式会社

성신미디어 홈페이지 www.sungshinmedia.com
출판 사업부 대표 메일 book@sungshinmedia.com
출판사 인스타그램 @libretto_books
유튜브 채널 배워보소서 @learningshares

* 리브레토(Libretto)는 (주)성신미디어의 출판 브랜드입니다.
* 잘못 만들어진 책은 구입하신 곳에서 교환해 드립니다.
* 이 책에 대한 의견이나 오탈자 및 잘못된 내용의 수정 요청은 이메일로 알려주십시오.

ⓒ배주태, 2024
Published and Printed by SUNGSHINMEDIA Inc., Republic of Korea
저작권법에 의해 보호를 받는 저작물이므로 무단 전재와 복사를 금합니다.